基金投资攻略

升级版

JIJIN TOUZI GONGLUE

杨红书　编著

北京工业大学出版社

图书在版编目（CIP）数据

基金投资攻略（升级版）/ 杨红书编著．—北京：北京工业大学出版社，2012.7

ISBN 978-7-5639-3157-6

Ⅰ．①基… Ⅱ．①杨… Ⅲ．①基金－投资－基本知识 Ⅳ．① F830.59

中国版本图书馆 CIP 数据核字（2012）第 139504 号

基金投资攻略（升级版）

编　　著：杨红书
责任编辑：张姗姗
封面设计：清风月影
出版发行：北京工业大学出版社
（北京市朝阳区平乐园 100 号 100124）
010-67391722（传真）bgdcbs@sina.com
出 版 人：郝　勇
经销单位：全国各地新华书店
承印单位：三河市元兴印务有限公司
开　　本：787 mm × 1092 mm　1/16
印　　张：17
字　　数：208 千字
版　　次：2012 年 8 月第 1 版
印　　次：2021 年 1 月第 2 次印刷
标准书号：978-7-5639-3157-6
定　　价：32.00 元

前　言

基金投资一般分为四个阶段，即准备阶段、选择阶段、购买阶段和持有阶段。本书主要告诉读者：如何在投资前综合考察以做到理性博弈，如何选购基金及长期持有，怎样进行定期定投和组合投资，怎样规避基金投资风险，强调了投资基金需要小心的误区。

通过阅读本书，希望投资者能轻松实现用小钱变大钱、从穷人到富人的跳跃，真正分享中国经济高速发展带来的成果。

目　录

第一章　综合考察，理性博弈

综合考察指的是基金投资者全面了解相关信息，并掌握必要的基金投资知识和技巧。这部分内容从基金常识入手，告诉读者如何了解基金管理公司，如何认真考察基金经理，怎样全面考察基金业绩。同时，对“资金管理中的博弈术”进行了探讨，帮助读者理性博弈，获得收益。

知道基金投资的优势所在

基金投资的优势首先体现在专家理财方面。基金管理公司配备的投资专家，一般都具有深厚的投资分析理论功底和丰富的实践经验，他们以科学的方法研究股票、债券等金融产品，组合投资，规避风险。相应的，基金管理公司会从基金资产中提取管理费，用于支付公司的运营成本。另一方面，基金托管人也会从基金资产中提取托管费。此外，开放式基金持有人需要直接支付的有申购费、赎回费以及转换费。封闭式基金和开放式基金的持有人在进行基金单位买卖时要支付交易佣金。

其次，基金的组合投资可以分散风险。证券投资基金通过汇集众多中小投资者的资金，形成雄厚的实力，可以同时分散投资于多种股票，分散了对个股集中投资的风险。

再就是基金投资非常方便，而且流动性强。证券投资基金对最低投资量的要求一般较低，可以满足小额投资者对于证券投资的需求，投资者可根据自身财力决定对基金的投资量。证券投资基金大多有较强的变现能力，使得投资者收回投资时非常便利。我国对基金投资收益还给予免税政策。

为了让读者更真切地了解基金投资的优势，更好地选择投资工具，我们将基金与其他投资工具作一个比较，以便于读者科学地选择。

一、与股票相比的投资优势

基金是由基金管理公司把投资人的分散资金募集到一起，投放到股票市场或债券市场，为投资人赚取利润的一种理财方式。而股票是股份有限公司在筹集资本时向出资人发行的股份凭证，代表持有者即股东对公司的所有权。股票投资的收益是不确定的，如果公司经营状况良好，投资者作为股东就可以分享利润（通常是以红利形式），并且可以从股票价格上涨中获益。相反，如果公司出现问题，投资者的投资就会贬值。由于普通投资者缺乏专业的技术和经验，也欠缺灵通的消息渠道，对大势难以做出正确的判断，所以很难在股市中取得收益。

与股票投资相比，基金在节税方面的优势是，买卖股票要缴印花税，而国家对基金的个人投资者给予了税收优惠：一是个人买卖基金份额暂免征收印花税，二是个人买卖基金份额的差价收入以及基金分红暂免征收个人所得税。另外，基金分红免税，股票分红要交10%的所得税。

在风险方面，基金的优势是，股票可能连续跌停，想卖都卖不掉，而基金一天下跌2%就是非常罕见的了。因为一只基金往往持有数十只股票，一只股票跌得再多，也不会对基金净值造成灭顶之灾。

由于发行公司的经营效益有很大的不确定性，而且股票的市场价格波动也比较剧烈，所以股票投资的风险更高一些。只有那些资金较多、有时间作研究分析，并能及时取得相关信息的人才有较大的胜算。相比之下，基金由专家进行理财，采取组合投资的方式，能够在一定程度上降低风险，收益相对股票来说比较稳定，而且基金的变现也相对容易。对于大多数的中小投资人而言，通过购买基金委托专家进行操作是比较好的投资股票的方式。

基金在操作难度方面的优势是，基金净值的变动具有一定的稳定性，有比较充足的时间使得投资者参与和退出，操作的难度比较小，对其进行波段操作的成功概率高于股票投资。

所以，人们常说，基金投资白痴都可以做，只要会买入和卖出就可以了。而投资股票需要大量的投资知识，还要占用大量时间。

事实表明，每一轮牛市行情来临的时候，基金净值都会有较强的上扬表现，并且在市场上涨时不逊于大盘股指、下跌时又有相当的抗跌性。对于多数一般投资者而言，在行情来临的时候，参与股票投资的操作难度越来越大，很难获得较好的投资收益。

二、与债券相比的投资优势

债券是政府、金融机构、工商企业等直接向社会筹集资金时，向投资人发行，并且承诺按一定利率支付利息，并按约定条件偿还本金的债权、债务凭证。现在最常见的债券品种就是国债，由于国家保证还本付息，比较安全，从银行网点买卖国债的手续比较简便，变现比较容易，利息收益也不用缴税。一般来说，债券投资的收益相对稳定，但与基金相比，收益还是较低。基金的投资对象包括股票和债券等，收益率一般高于国债，而且由于进行了比较充分的分散投资，可以在一定程度上降低风险。

另外，债券还有一个很明显的缺点是，目前在银行销售的债券数量较少，不能满足居民投资的需要；升息过程中固定收益的国债有贬值风险；在提前兑付时要损失不少利息。此外，投资者进行投资的主动操作余地不大，收益率也比较低。

三、与外汇相比的投资优势

个人外汇买卖，是指个人客户在银行进行的可自由兑换外汇（或外币）间的交易。个人外汇买卖一般有实盘和虚盘之分。按国家有关政策规定，只能进行实盘外汇买卖，还不能进行虚盘外汇买卖。目前，部分银行在北京、上海、广州等地已开展了个人外汇买卖业务，投资者可以按其报价买卖外汇，从中赚取差价。

与基金相比，外汇买卖的一些特点决定了它不如基金的普及度高：一是只有持有外汇的投资者才能进行交易，二是办理的城市及银行网点还不够多，三是对专业知识要求高，需要花较多的时间进行研究。

大多数人不仅懒得看外汇行情，甚至连外汇趋势分析都懒得去考虑。对于这类投资者而言，如果想找个投资的轻松途径，那么还是投资基金会更省事。

四、与贵金属、收藏品等投资品种相比的投资优势

金银及其他贵金属的供给有限，而在需求方面存在上涨趋势，因此在较少时期内可以保值，但这些贵金属的价格波动很大，而且不像基金那样，会产生差价收入和红利收益。因为贵金属的价格一般随着生活费用的增长而增加，所以许多人认为拥有这种资产可以更好地克服通货膨胀。而事实上，通货膨胀时期贵金属的价格并不一定能够进行同步上涨。

进行收藏品（例如邮票、钱币、艺术品和古董）投资的人可以从收藏中获得乐趣，但很少有投资者将收藏品投资等同于现金、债券或股票。进行收藏品投资的主要缺点是它需要很强的兴趣和专业知识，此外，即使收藏品价值很高，投资者也往往难以找到买主去兑现它的价值。

基金作为一种相对长期的投资工具，可以通过广泛投资于股票、债券等获得较高的收益，而且投资的分散也使风险大大降低。流动性也比较好，

尤其是开放式基金，多通过银行、证券公司网点代销，从买卖程序上与存取款非常相似，变现也比较容易。

不仅如此，基金投资是一种委托专家理财的形式，不需要很多的专业知识和时间，而且投资起点低，不像房地产、实业投资和部分收藏品等通常需要大笔资金才能进行投资。

基金投资所具有的优势除了上述所列举的这些，发达国家与地区在基金投资的成功经验，也有力地旁证了基金投资的风险系数较低和有较高收益率的特点。

作为世界最发达的经济体，美国的投资业非常发达，对投资者来说，最普通的理财方式就是购买基金，通过投资基金进行理财是美国人的主流做法。事实上，美国人利用投资基金进行理财给我们带来的重要启示在于理性投资，正确认识适合自己的理财需求，并在投资基金中注意降低成本，防范投资风险，从而实现良好的预期投资收益。而不是像我国现在的一些投资者那样，千军万马跟着感觉走，盲目地投资于股票型基金。要知道历史曾经带给我们的经验和教训，疯狂过后往往是风险与长期被套牢。

英国人在投资基金方面也有着独到的经验。不论是公司还是个人投资者，英国人大部分都选择通过独立金融理财顾问（IFA）购买基金。IFA的主要工作就是帮助客户进行资产负债分析，帮助他们确定自己的投资政策和目标，建立自己的基金组合，选定基金管理人，并监督基金管理人的业绩，定期向客户汇报。IFA 向客户提供的不是某些基金或其他的金融产品,而是全面的金融理财服务。这种模式和目前中国基金主要通过银行、券商等渠道进行销售或基金公司的直销不同，它使理财顾问可以站在中立的立场向客户推荐产品，而不是代理哪些基金就替哪些基金大作宣传，甚至误导投资者。另外，IFA 的模式也更容易和客户之间建立长期的信任关系。通俗地讲，就是花钱雇一位懂得投资的人替你去投资，而对方收取一定的专业服务费，并从投资回报中提成。也就是说，投资赚得越多，金融理财顾的问提成也越多。当然，英国人也有自己购买基金的。他们或者是对金融投资感兴趣，了解基金的市场运作；或者是资金不充裕，不愿再付钱请理财顾问，而选择在各种基金投资网站上进行比较分析而再做投资决定。但在英国这样一个金融市场成熟的国家里，即便是个人投资者，其权益也会受到充分的保护。

日本基金投资者的经验也值得引起我们的关注。在日本人的投资策略中，最重要的一条就是“求稳”，他们对于风险投资非常谨慎，即使是投资股票也不是很积极。他们更倾向于存款、购房、买贵重金属等。但是，由于很长一段时间内，日本银行都实行零利率政策，这使得投资基金的高回报率显得很有吸引力。由于得到了日本政府的大力扶持，日本基金市场的规模非常大。

与日本相比，韩国的基金市场似乎更加活跃。韩国人在投资基金时，首先是明确未来期望的收益率，其次是预测可能存在的风险，再综合考虑投资组合的总体风险，就可找到符合自己最大收益的投资了。

具体到我国的基金投资现状，香港和台湾地区人们的投资理念较具代表性。香港人在个人理财方面的智慧，对其他地方的人们仍然有可以借鉴的价值。从经济角度上看，甚至可以这么说，港人的过人之处恰恰就在于他们卓越的理财技巧。许多香港人都会将收入的稳定部分用来投资基金，作为日后退休之用。目前，在香港，基金的普及程度已仅次于股票，大约每五个成年人中就有一个参与基金投资。

与香港人相比，台湾人在投资基金方面也比较积极。在基金的投资方式上，20 到 40 岁的人常常采用定时定额基金投资的理财方式。他们在购买定时定额基金时，掌握三项原则：一是选对基金公司与基金。因为买基金要选择好的公司去跟，这样赔钱倒账的概率就小。二是要学会适时止损，台湾人将其称之为“擦鞋童理论”，即当路旁的擦鞋童都知道要赶快进场买股票的时候，就表明市场风险明显加大。所以，当市场过热时，就要适时止损。三是坚持长期持有。因为不管哪个市场都会有三五年的循环，因此只要通过定时定额布局，一定可等到多头的时候。基金投资最怕市场不好时就急着赎回，那样成本永远在高位上，而无法取得收益。

了解基金的种类

基金有广义和狭义之分，从广义上说，基金是机构投资者的统称，包括信托投资基金、单位信托基金、公积金、保险基金、退休基金，以及各种基金会的基金。

现有的证券市场上的基金，包括封闭式基金和开放式基金，具有收益性功能和增值潜能。从狭义上说，基金指的是具有特定目的和用途的资金。因为政府和事业单位的出资者不要求投资回报和投资收回，但要求按法律规定或出资者的意愿把资金用在指定的用途上，因而形成了基金。

根据不同标准，可以将基金划分为不同的种类。

根据基金是否可增加或赎回，可分为开放式基金和封闭式基金。

开放式基金不上市交易，一般通过银行申购和赎回，基金规模不固定；封闭式基金有固定的存续期，存续期内基金规模固定，一般在证券交易场所上市交易，投资者通过二级市场买卖基金单位。

根据组织形态的不同，可分为公司型基金和契约型基金。

基金通过发行基金股份成立投资基金公司的形式设立的，通常称为公司型基金；由基金管理人、基金托管人和投资人三方通过基金契约设立，通常称为契约型基金。目前，我国的证券投资基金均为契约型基金。

根据投资风险与收益的不同，可分为成长型、收入型和平衡型基金。

根据投资对象的不同，可分为股票基金、债券基金、货币市场基金、期货基金等。

下面，我们对各个种类的基金进行具体介绍。

一、开放式基金

开放式基金，是指基金规模不是固定不变的，而是可以随时根据市场供求情况发行新份额或被投资人赎回的投资基金。

开放式基金在国外又称共同基金。也就是上市型开放式基金发行结束后，投资者既可以在指定网点申购与赎回基金份额，也可以在交易所买卖该基金。不过投资者如果是在指定网点申购的基金份额，想要上网抛出，需办理一定的转托管手续。同样，如果是在交易所网上买进的基金份额，想要在指定网点赎回，也要办理一定的转托管手续。

开放式基金是一种发行额可变，基金份额（单位）总数可随时增减，投资者可按基金的报价在基金管理人指定的营业场所申购或赎回的基金。与封闭式基金相比，开放式基金具有发行数量没有限制、买卖价格以资产净值为准、在柜台上买卖和风险相对较小等特点，特别适合于中小投资者进行投资。

从投资策略上讲，由于开放式基金所发行的基金单位是可以赎回的，而且投资者在基金的存续期间内也可随意申购基金，导致基金的资金总额每日均不断地变化。换言之，它始终处于“开放”的状态。因此，开放式基金必须保留一部分现金，以便投资者随时赎回，而不能尽数地用于长期投资，且一般投资于变现能力强的资产。

开放式基金是世界各国基金运作的基本形式之一。基金管理公司可随时向投资者发售新的基金，也需随时应投资者的要求买回其持有的基金。目前，开放式基金已成为国际基金市场的主流品种，美国、英国、我国香港和台湾地区的基金市场均有90%以上是开放式基金。

二、封闭式基金

封闭式基金是相对于开放式基金而言的，它是指基金规模在发行前已确定，在发行完毕后和规定的期限内，基金规模固定不变的投资基金。

由于封闭式基金在证券交易所的交易采取竞价的方式，因此交易价格受到市场供求关系的影响，因此并不能必然反映基金的净资产值，即相对其净资产值，封闭式基金的交易价格有溢价和折价现象。

国外封闭式基金的交易价格往往存在先溢价后折价的价格波动规律。从我国封闭式基金的运行情况看，无论基本面状况如何变化，我国封闭式基金的交易价格走势也始终未能脱离先溢价、后折价的价格波动规律。

由于封闭式基金不能随时被赎回，其募集得到的资金可全部用于投资，这样一来，基金管理公司便可据以制定长期的投资策略，取得长期经营绩效。

三、对冲基金

对冲基金的全名是“风险对冲过基金”，它在起源时的操作宗旨是利用期货、期权等金融衍生产品，以及对相关联的不同股票进行实买空卖和风险对冲操作技巧，在一定程度上规避和化解投资风险。从对冲基金的发展来看，全球对冲基金总资产额已成攀升之势。

四、QDII基金

QDII是合格的境内机构投资者（Qualified Domestic Institutional Investors）的英文缩写。它是在一国境内设立，经该国有关部门批准从事境外证券市场的股票、债券等有价证券业务的证券投资基金。它也是在货币没有实现完全可自由兑换、资本项目尚未开放的情况下，有限度地允许境内投资者投资境外证券市场的一项过渡性的制度安排。

五、指数基金

指数基金是一种按照证券价格指数编制原理构建投资组合并进行证券投资的一种基金。从理论上来讲，指数基金的运作方法简单，只要根据每一种证券在指数中所占的比例购买相应比例的证券，长期持有就可。

对于一种纯粹的被动管理式指数基金，基金周转率及交易费用都比较低，管理费也趋于最小。这种基金不会对某些特定的证券或行业投入过量资金，它一般会保持全额投资而不进行市场投机。当然，不是所有的指数基金都严格符合这些特点，具有指数性质的不同基金也会采取不同的投资策略。

六、认股权证基金

认股权证基金主要投资于认股权证。基于认股权证有高杠杆、高风险的产品特性，此类型基金的波动幅度亦较股票型基金为大。

七、公司型基金

公司型基金又叫做共同基金，指基金本身为一家股份有限公司，公司通过发行股票或受益凭证的方式来筹集资金。投资者购买了该家公司的股票，就成为该公司的股东，凭股票领取股息或红利并享受投资所获得的收益。

公司型基金的形态为股份公司，但又不同于一般的股份公司，其业务集中于证券投资信托；其资金为公司法人的资本，即股份；其结构同一般的股份公司一样，设有董事会和股东大会。基金资产由公司拥有，投资者则是这家公司的股东，也是该公司资产的最终持有人。股东按其所拥有的股份大小在股东大会上行使权利。

另外，为了管理方便，公司型基金往往设定基金经理人和托管人。基金经理人负责基金资产的投资管理，托管人负责对基金经理人的投资活动进行监督。托管人可以（非必须）在银行开设户头，以自己的名义为基金资产注册。为明确双方的权利和义务，公司型基金的公司与托管人之间有契约关系，托管人的职责明确写在他与共同基金公司签订的“托管人协议”上。如果公司型基金出了问题，投资者有权直接向公司型基金的公司索取。

八、契约型基金

契约型基金又称为单位信托基金，指专门的投资机构（银行和企业）共同出资组建一家基金管理公司，基金管理公司作为委托人通过与受托人签订“信托契约”的形式发行受益凭证，即“基金单位持有证”来募集社会上的闲散资金。

单位信托基金在组织结构上不设董事会，基金管理公司自己作为委托公司设立基金，自行或再聘请经理人代为管理基金的经营和操作，并通常指定一家证券公司或承销公司代为办理受益凭证。

受托人接受基金管理公司的委托，并且以信托人或信托公司的名义为基金注册和开户。基金户头完全独立于基金保管公司的账户，纵使基金保管公司因经营不善而倒闭，其债权方也不能动用基金的资产。

受托人的职责是负责管理、保管和处置信托财产、监督基金经理人的投资工作、确保基金经理人遵守公开说明书所列明的投资规定，使其采取的投资组合符合信托契约的要求。在单位信托基金出现问题时，受托人对投资者承担索偿责任。

九、平衡型基金

平衡型基金是指既要获得当期收入，又以追求基金资产长期增值为投资目标，把资金分散投资于股票和债券，以保证资金的安全性和赢利性的基金。通常，当基金经理人看跌后市时，会增加抗跌性较强的债券投资比例；当基金经理人看好后市时，则会增加较具资本利得获利机会的股票投资比例。

平衡型基金是既追求长期资本增值，又追求当期收入的基金。这类基金主要投资于债券、优先股和部分普通股，这些有价证券在投资组合中有比较稳定的组合比例，一般是把资产总额的25%至50%用于优先股和债券，其余的则用于普通股投资。其风险和收益状况介于成长型基金和收入型基金之间。

平衡型基金可以粗略分为两种，一种是股债平衡型基金，即基金经理会根据行情变化及时调整股债配置比例。当基金经理看好股市的时候，会增加股票的仓位，而当其认为股票市场有可能出现调整时，会相应增加债券配置。另一种平衡型基金在股债平衡的同时，比较强调到点分红，更多地考虑落袋为安，也是规避风险的方法之一。

从市场的表现情况看，平衡型基金在过去的总回报远超过了包括股票基金在内的其他类型的基金，这证明了平衡型基金在波动行情中具有平稳的投资能力。因此，对于风险承受能力较低的投资者而言，可将平衡型基金作为波动市场中重点关注的基金品种。

选择一只好的平衡型基金，先要选择值得信赖的基金公司，可通过比较各基金公司旗下基金的业绩水平、基金经理的稳定性、投研团队的实力以及权威机构提供的评级结果来综合判断。知名评鉴机构评出的明星基金公司及五星基金产品都是比较好的参考。

十、保险基金

保险基金指为了补偿意外灾害事故造成的经济损失，或因人身伤亡、丧失工作能力等引起的经济需要而建立的专用基金。在现代社会里，保险基金一般有四种形式：

一是集中的国家财政后备基金。该基金是国家预算中设置的一种货币资金，专门用于应付意外支出和国民经济计划中的特殊需要，如特大自然灾害的救济、外敌入侵、国民经济计划的失误等。

二是专业保险组织的保险基金，即由保险公司和其他保险组织通过收取保险费的办法来筹集保险基金，用于补偿保险单位和个人遭受灾害事故的损失或到期给付保险金。

三是社会保障基金。社会保障作为国家的一项社会政策，旨在为公民提供一系列基本生活保障。公民在年老、患病、失业、灾难和丧失劳动能力等情况下，有从国家和社会获得物质帮助的权利。社会保障一般包括社会保险、社会福利和社会救济。

四是自保基金，即由经济单位自己筹集保险基金，自行补偿灾害事故损失。国外有专业自保公司自行筹集资金，补偿母公司及其子公司的损失；我国有“安全生产保证基金”，通过该基金的设置，实行行业自保。

十一、信托基金

信托基金也叫投资基金，是一种“利益共享、风险共担”的集合投资方式，通过契约或公司的形式，借助发行基金券（如收益凭证、基金单位和基金股份等）的方式，将社会上不确定的多数投资者的不等额资金集中起来，形成一定规模的信托资产，交由专门的投资机构按资产组合原理进行分散投资，获得的收益由投资者按出资比例分享，并承担相应风险的一种集合投资信托制度。

信托基金的特点是：集合投资，专家管理，专家操作；组合投资，分散风险；资产经营与资产保管相分离；利益共享，风险共担；以纯粹的投资为目的；流动性强。

熟悉基金的基本运作方式

根据基金是否可以赎回，证券投资基金可分为开放式基金和封闭式基金，它们共同构成了基金的两种基本运作方式。开放式基金和封闭式基金的主要区别体现在以下几个方面。

一、基金规模的可变性不同

封闭式基金均有明确的存续期限（我国为不得少于5年），在此期限内已发行的基金单位不能被赎回。虽然特殊情况下此类基金可进行扩募，但扩募应具备严格的法定条件。因此，在正常情况下，基金规模是固定不变的。而开放式基金所发行的基金单位始终处于“开放”的状态。这是封闭式基金与开放式基金的根本区别。

二、基金单位的买卖方式不同

封闭式基金发起设立时,投资者可以向基金管理公司或销售机构认购;当封闭式基金上市交易时,投资者又可委托券商在证券交易所按市价买卖。而投资者投资于开放式基金时,他们则可以随时向基金管理公司或销售机构申购或赎回。

三、基金单位买卖价格的形成方式不同

封闭式基金因在交易所上市,其买卖价格受市场供求关系影响较大。当市场供小于求时,基金单位买卖价格可能高于每份基金单位资产净值,这时投资者拥有的基金资产就会增值;当市场供大于求时,基金价格则可能低于每份基金单位资产净值。而开放式基金的买卖价格是以基金单位的资产净值为基础计算的,可直接反映基金单位资产净值的高低。在基金的买卖费用方面,投资者在买卖封闭式基金时与买卖上市股票一样,也要在价格之外付出一定比例的证券交易税和手续费;而开放式基金的投资者需缴纳的相关费用(如首次认购费、赎回费)则包含于基金价格之中。一般而言,买卖封闭式基金的费用要高于开放式基金。

四、基金的投资策略不同

由于封闭式基金不能随时被赎回,其募集得到的资金可全部用于投资,这样基金管理公司便可据此制定长期的投资策略,取得长期经营绩效。而开放式基金则必须保留一部分现金,以便投资者随时赎回。因此,开放式基金不能尽数地用于长期投资,它一般投资于变现能力强的资产。

对于没空看盘,不懂股票买卖,或是懒于自己操作的普通人来说,开放式基金省心省力,等于把钱交给专家去理财,自己坐等收益即可。

封闭式基金比开放式基金的安全边际高,有折价率的保障,并且股性

很强，适合那些愿意自己操作的投资者。长持短投都可以，买卖还不收印花税。

在单边上扬的股市中，持有开放式基金，尤其是股票型开放式基金会更好些，因为它持股比例高，能够充分享受牛市的成果；而在震荡市中，如果投资者善于操作，那么封闭式基金挣钱的机会远比开放式基金来得多，因为封闭式基金的股性使得投资者能够主动地买入卖出，利用每一个高点低点做短差，收益就比被动投资的开放式基金强多了。

总之，开放式基金和封闭式基金各有千秋，适合于不同投资者的不同需求。

选择基金管理公司的依据

选基金最重要的就是选基金管理公司，选对了公司，投资者的收益就会有保障，就能达到投资的目的。这就像购买微波炉一样，如果两件商品在其他地方并没有明显的差别，只是一个来自默默无闻的生产厂家，而另外一个来自著名的电器公司，我们通常都会选择后者，因为这会让我们感到更安心。

当然，选择的重要前提是，两个微波炉在其他方面的确是难分优劣的。在选择基金管理公司时也是一样的，投资者应当优先选择知名的品牌管理公司，一家有诚信和能够保障客户利益的基金公司所管理的基金，长期收益比较有保障，风险也较低。但这并不是说投资者在一开始就必须将自己的选择范围限定在几家共同基金公司之内。最初，投资者还是应该广泛地选择，只是当明确了所有其他问题，将筛选范围缩小到了几个最后的候选者之间时，投资者就应当选择有信誉、有品牌的管理公司。

要选择一家诚信而且优秀的基金管理公司，就应对基金管理公司的信誉、以往的业绩、管理机制、背景、财力、人力资源、规模等方面有所了解。下面是几个投资者可以用来判断基金管理公司好坏的依据：

一、基金公司的业绩表现

基金的最终目的，是要为投资人赚钱，基金公司的业绩表现当然重要。基金管理公司的内部管理及基金经理人的投资经验、业务素质和管理方法，都会影响到基金的业绩表现。有些基金的投资组合是由包括多个基金管理人员和研究人员的基金管理小组负责的，有的基金则由一两个基金经理管理。后一种投资管理形式受个人因素的影响比较大，如果遇到人事变动，对基金的运作也会产生较大的影响。

对于基金投资有一套完善的管理制度及注重集体管理的基金公司，其决策程序往往较为规范，行动起来也比较有针对性。在这种情况之下，他们以往的经营业绩较为可靠，也更具持续性，可以在投资者挑选基金时作为参考。

投资者还可以通过关注基金公司旗下基金在同业同类基金中的排名情况，来判断该基金公司管理基金的水平。需要提醒的是，投资人往往以短期的表现判断基金的好坏，其实是错误的，着眼于长期表现以及基金业绩的稳定性才是评估基金公司业绩水平最为客观的标准。所以，选择一些历史业绩优良、特别是长时期内整体业绩优良的基金公司是有道理的。

二、优秀的投资团队

基金管理必须依靠团队的力量，单凭个人的一己之力，很难保证基金持续、良好地运作。像一些基金的投资组合由一两个经理人主管，这样的基金起伏就会比较大，有的时候能带来非常高的回报，但有的时候就会赔得很惨。从长远来看，基金管理公司如果注重团队精神和集体智慧，其决策则往往比较连贯、稳定，也更有利于取得持续的优良业绩。

对于投资者来说，其中最为重要的一点是，基金公司一定要有优秀的投资研究团队，关键人员的个人能力、投资思路、操作风格和历史业绩是投资者应当考察的重点。

从客观上来讲，投资研究团队要有很好的稳定性，变动不断的人员很难传承具有质量的企业文化，对于基金操作的稳定性也有负面影响。一个优秀的团队还应当可以精诚协作，能够保证公司投资流程的执行。切实贯彻和执行公司的投研制度和流程比投资本身更重要。

三、规范的管理和运作

投资者投资于规范的基金公司旗下的基金才会有安全感。要判断一家基金管理公司的管理运作是否规范，可以参考以下几方面的因素：一是基金管理公司的治理结构是否规范合理，包括股权结构的分散程度、独立董事的设立及其地位等；二是基金管理公司旗下基金的管理、运作及相关信息的披露是否全面、准确、及时；三是基金管理公司有无明显的违法违规现象。

四、基金公司的形象、信誉和服务质量

基金公司的形象、信誉和服务质量也可以从一个侧面反映其公司实力，是选择基金公司的重要参考指标。一般的开放式基金的市场形象会通过网络分布、收费标准、申购与赎回情况、对投资者的宣传等方面体现出来，而封闭式基金的市场形象主要通过旗下基金的运作和净值增长情况体现出来。形象较好的基金管理公司，旗下基金在二级市场上更容易受到投资者的认同与青睐。一些已经树立了自己的品牌、有着良好口碑的公司也是值得信赖的，投资这些公司的基金，风险往往要小得多。

另外，基金公司的服务质量也很重要。基金管理公司不仅仅为投资者提供投资回报，优秀的基金管理公司应该具有全面的理财、服务能力，包括向投资者提供充分的市场信息、方便的买卖手续和投资咨询、更多的基金产品以及通畅的投诉渠道等。同时，投资者应选择无违法违规记录、内部管理及控制健全的基金管理公司，有不良背景的公司要尽可能规避。

五、基金公司的投资风格与专长

不同的投资者，出于投资风险偏好或者资产配置的需求，需要进行不同种类的基金投资。

投资者在选择基金公司之前，首先要了解各基金公司的投资强项与投资风格。市场中经常说的某某基金公司投资能力强，一般指的是其在股票投资管理能力方面的表现，而一个拥有出色的股票投资管理能力的公司，并不代表其在低风险的债权类资产方面同样拥有优秀的管理能力。术业有专攻，选择专长与投资者投资方向一致的基金公司才是明智的。此外，同样是在某一类基金管理中表现优秀的基金公司，其投资风格也有很大的不同。投资者在进行投资决策时还应该明辨各基金公司的专长与投资风格，进行有针对性的投资。

六、第三方机构的评级

除了自己的了解和判断，投资者还可以参照第三方的基金评级。国内的基金评级业主要有三种类型：一类是晨星、理柏等外资资深评级机构，其评级方法比较成熟；第二类是以银河证券为代表的券商评级体系；第三类是独立理财机构发布的基金评级。相对来说，外资的评级机构由于经验丰富，专业性强于国内机构。通过第三方机构的评级，投资者可以对基金公司运作的基金有一个更加准确的了解，进而判断其是否值得信赖。

认真考察基金经理的注意点

投资者购买基金，关注基金经理是必不可少的。基金经理就是基金的灵魂，决定了基金操作的成败。一个只经历过多头的基金经理人，很容易忽略空头的杀伤力，而只看过空头的基金经理人，很容易因为过度保守而错失获利良机。因此，如果基金经理人经历过多空头市场，操盘时间较长、秉持一贯的操作策略，而且绩效稳定，则是投资人选择基金时的首选。

从一定程度上讲，投资者购买一只基金产品，首先要看运作这只基金的基金经理是不是一位优秀的基金经理。一位好的基金经理，将给基金带来良好的经营业绩，并为投资者带来更多的分红回报。但是从现实情况来看，仅看其履历表是不够的，仅凭短期的基金运作状况也是难以发现基金经理的潜在优势的。

那么，如何来选择基金经理呢？选择基金经理需要注意什么呢？

一、选择业绩好的基金经理

业绩是最有说服力的，在以往能够有好业绩的经理可能会为投资者带来更好的收益，这就好比是刘翔和一个不知名的运动员一起比赛跨栏，作为投资者你会选择谁呢？毫无疑问是刘翔。优秀的业绩说明他具备这样一种能力——保证基金净值的持续增长，保持基金份额的稳定，能够带来良好的收益。所以，基金经理的业绩是一项很重要的参考标准。

二、选择多面手的基金经理

一个优秀的基金经理应当是包括研究、投资、营销在内的多面手，实践证明，只有这样的多面手才会在基金投资中有更大的胜算。很多基金经理都是研究型人才，他们对某方面研究得很透彻，但是基金投资除了研究更是一种具有实践性的投资类学问，只有在投资市场上得到了检验，取得了好的收益的基金经理才算是有能力的基金经理，他所做的研究也才算是有用的研究。

三、不要选择过分个性化的基金经理

虽然基金经理在基金的运作过程中起着非常重要的作用，但是一只基金运作的好坏，应是基金经理背后团队的力量，基金经理应是指挥和引导基金团队运作的带头人。基金产品的运作规律，也是资产配置组合的运作规律，而不是由基金经理的个人投资风格来决定的，更不是个人投资策略的简单复制，所以，如果基金经理的个性太过突出，投资的风险就很可能增加。因为毕竟天才的、能够立于不败之地的经理人世所罕有，把投资的风险押在一个人的身上不是投资的正确选择。

四、选择具有创业精神的基金经理

具有创业精神的基金经理，由于正处于创业阶段，他会把精力和体力全身心地投入到其所管理的基金之中。并且他们对市场有深刻的洞察力，有投资于非主流投资工具和品种的胆识和勇气，能够带来更高的回报。与此同时，对于那些成名已久的、富有并疲惫的基金经理，应尽量回避。

五、避免选择独立负责基金的经理

有的基金实行的是单经理制，即一只基金只有一个基金经理。以往大部分基金都习惯采取单经理制，也有的是多经理制，即由多个基金经理共同负责一个基金。相比较而言，多经理制优于单经理制，多个经理负责一只基金有利于基金的长期稳定性。单个基金经理难免受到投资风格、操作理念、市场看法等方面的局限。而多个基金经理的好处就是通过沟通，避免个人的性格缺陷给投资者带来风险，同时，这种组合还放大了个人性格上的优点，使投资决策更加全面。另外，基金经理的更换也是不能不面对的问题,因为更换经理对基金的运作会产生一定的影响。所以，投资者要避免选择单经理制的基金经理，以减少基金投资的风险。

六、资历并不是判断基金经理的绝对标准

大部分投资者都会认为，资深的基金经理在投资能力上必然优于年轻的基金经理。但是事实证明，资深基金经理的投资能力并不优于资历较浅者，两者之间没有必然的联系。也可能经理人的经验在不同类型的基金中所起的作用是不一样，美国科罗拉多大学的Ding发现，基金经理的经验多寡对于成长型基金的业绩表现有显著影响，经验越丰富者，表现越佳，但对于收益型基金的业绩表现则没有显著影响。他认为，这是由于挑选成长型股票比较困难，需要正确地预测盈余成长，而且随着基金经理资历的增长，也能和上市公司的高管人员建立一些私人关系，从而得到一些内幕消息。因此，投资者在选择时不要受基金经理资历的影响。

七、注意基金经理所起的作用

管理不同基金的经理所起到的作用是不一样的，有的基金可能不需要基金经理有很高的能力也能取得不错的收益，而有的基金则对基金经理有很高的要求。比如管理一只指数型基金，基金经理的职责主要是尽可能减少追踪误差，工作内容偏向于技术性，对基金业绩所起的影响不大。而挑选成长型股票，需要正确预测盈余成长，具有较高的技术难度。相对于管理一只收益型基金，管理一只成长型基金对基金经理能力的要求更高。因此，如果基金经理能够使一只成长型基金取得很好的收益，则

说明他是个比较优秀的基金经理。

八、男女基金经理都一样

由于受到传统的性别偏见的影响，不少投资者认为男性基金经理的能力要优于女性基金经理，特别是在基金经理的表现缺乏历史记录时。但事实上，男性基金经理和女性基金经理无论在投资能力和投资风格上都没有显著的差异，武断地认为女性经理比男性经理差是没有任何依据的。投资者在选择基金经理时要抛弃性别的偏见，而要看基金经理的历史业绩及其他各方面的能力。

九、正确对待基金经理的更换

基金经理的频繁更换对于基金业绩会产生很大的影响，因为频繁更换基金经理必然会导致基金的投资理念、风格和行为发生变化。虽然新上任的基金经理大都会宣称遵循以往的投资策略不变，但实际情况却未必如此，他们往往会背离原来的投资目标。而一个基金经理如果总是跳来跳去，习惯于穿梭于不同的基金之间的话，那么投资者可要小心了，因为对于目前的基金他也很可能不会从一而终，他离开后所产生的影响却只能由投资者自己来承担了。

证券市场的发展有一定的阶段性，股价变化也有一定的周期性，国民经济更有一定的运行规律。不考虑这些周期性因素和阶段性变化对基金资产配置品种的影响,基金的运作业绩很难通过周期性的变化体现出来。因此，基金经理的更替也应当在遵循资产配置规律的前提下进行，基金经理的更换不应以年份的长短来衡量，而应当以资产配置的周期性长短来衡量。

随着证券市场上基金数量的不断增加，更换基金经理已经是经常发生的一件事了。而基金经理是基金资产的管理人，基金经理的每次变动，自然会引起投资者的关注。基金经理换人了，基金公司的投资理念、企业文化是不是会发生变化？持有的基金份额是马上抛掉，还是留着？这些都使持有人感到困惑和疑虑。那么，基金投资者该怎样面对基金经理的变换呢？

首先，基金投资者要保持镇静，要用清醒的头脑去面对基金经理的更换，因为无论发生什么事，都不能自己先乱了阵脚。有的投资者一听到基金经理换了，就赶快卖出所持有的基金，生怕基金净值下跌，其实这也未必是一种安全的做法。再者，新的基金经理可能不比原来的基金经理差，也许前者能带来更好的收益也不一定。

因此，面对基金经理的更换投资者先不要慌，而应该认真分析一下手中基金的性质，即它属于什么类型的基金。因为不同类型的基金受基金管理人变动的影响程度是不同的，有的基金受基金经理变动的影响比较小。

下面这几种基金受基金经理变动的影响较小，如果投资者投资的是这几种基金，在基金经理发生变化时就没有必要卖出自己的份额。

一是指数基金。指数基金经理不用积极主动地选择投资的股票，只需被动地模仿指数，按指数的比例投资于成分股。所以，这种类型基金经理人的变更对基金的影响很小。

二是超短期债券基金。管理一个超短期债券基金就是针对几个基本点（一个基本点表示万分之一的利率）的管理。超短期债券基金没有多大的升值空间，它的好与坏在回报率上也没有什么差别，所以影响也不大。

三是一流基金公司旗下的基金。一流的基金公司里人才济济，这样的基金公司拥有许多有才华的基金经理和优秀的研究团队。所以，即使个别基金经理离开，也立即有其他的经理填补空缺，因此，基金经理的变动并不会对投资者造成很大的困扰。

四是对技术选股信赖较深的基金。基金主要的资金都投资于股票市场，其股票的收益往往决定了基金的收益水平。如果基金依赖技术选股的程度很深，采用的技术模式非常多，那么基金经理人的变动带来的影响就非常小，也不会影响到基金的收益。

五是由团队管理的基金，基金经理的更换对于由团队管理的基金的影响要比由基金经理独立负责管理的基金小得多。当然，在这种基金中所做的决策必须是正确的。所以，很多基金公司采取团队管理基金的方式，避免把基金经理人捧成明星以及把基金和特定经理人联系在一起。

但如果投资者手中持有的不是上面几种基金，那就要慎重对待基金经理人的更换了。投资者应该仔细观察一下基金经理换人之后，基金的投资组合和业绩是否也发生了变化，这是决定投资者是否需要卖掉基金、改变投资方向的关键。

一般来说，对于开放式基金，因为它可随时申购和赎回，所以它的份额是可变的，持有人只能通过公开信息来观察其投资组合和业绩的变化情况。

对于封闭式基金而言，基金的换手率能衡量基金投资组合变化的频率以及基金经理持有股票和债券时间的长短，通过基金的换手率可以判断基金的投资策略是否有大的改变，如果换手率很低、很平稳，那么就说明该基金没有改变投资策略，它仍坚持以往的投资组合，而如果换手率突然在一段时间内放大，意味着基金采取了新的投资策略，这时投资者就可以选择卖出自己手中的基金份额。

全面考察基金的业绩

正确地评价基金业绩是基金投资前必须要做的准备工作。评价基金的业绩也需要一定的方法和标准，不能跟着感觉走，否则就会真的牵着梦的手，梦醒之后，一无所有了。

一、评判基金业绩的指标

评判基金的业绩表现，通常可以参照以下几个指标。

一是净资产总值。基金总资产是依照基金投资组合中的现金、股票、债券及其他有价证券的实际总价值来计算的。一般以证券交易所公布的当天收盘价为计算标准，所以它是每日变动的。如果基金的净资产总值处于增长状态就说明某只基金表现较好，可以投资，相反则投资的风险会很大。

基金净资产总值的增长来源于三个方面：投资收益（利息、股利收入和资本增值）、基金吸纳金额的增加和费用的减少，其中最主要的是投资收益。如果基金经营状况良好，投资收益较高，便会吸引更多的投资者投资该基金，使基金的净资产总值的增长高于平均水平。

二是单位净值的变化。单位净值是每份基金单位用人民币衡量的价值，它是用当前基金的净值除以基金份额得到的。当一只基金所持有的证券市值增加时，其单位净值也相应地增加。所以，单位净值的变化可以反映出一只基金的运作状况，是评价基金业绩表现的一个指标。

三是投资报酬率。投资报酬率是投资者在持有基金的一段时期内，基金净资产价值的增长率。投资报酬率虽然不是评估基金的专用指标，但因其直截了当，而成为人们普遍接受的指标。对投资者来说，投资报酬率越高越好，越高说明基金的表现越好，投资者所获的投资收益也就越多。

四是基金回报率。基金回报并非单指基金收入、股息派发和基金增值等，还包括投资后的一段时间内基金产生的盈余和亏损，如购费和赎回费等投资所付出的费用和实际投资损失都应当计算在内。

五是净资产价格比。净资产价格比反映的是在某一时点基金的净资产与价格的比值，该比值越大，说明基金的价格偏低，值得投资，可用于从几个基金中进行选择，尤其是在分红派息日前更具可比性。

六是收益价格比。收益价格比是以基金过去的业绩（单位基金收益）来估算不同基金的价值。收益价格比是对将来收益的比较，是动态的，与净资产价格比这一静态比较方法一样，比率越大说明基金的业绩越好。

七是夏普比率，又被称为夏普指数，由诺贝尔奖获得者威廉·夏普于 1966 年最早提出，目前已成为国际上用以衡量基金绩效表现得最为常用的一个标准化指标。它的计算方法非常简单，用基金净值增长率的平均值减去无风险利率再除以基金净值增长率的标准差就可以得到基金的夏普比率。

夏普比率的优点在于可以同时对收益与风险加以综合考虑，因为基金净值的增长是在承受较高风险的情况下取得的，因此仅仅根据净值增长率来评价基金的业绩表现并不全面。如果夏普比率为正值，说明在衡量期内基金的平均净值增长率超过了无风险利率，在以同期银行存款利率作为无风险利率的情况下，说明投资基金比银行存款要好。夏普比率越大，说明基金单位风险所获得的风险回报越高。

在运用夏普比率衡量我国基金的绩效时，国际上一般取 36 个月度的净值增长率和 3 个月期的短期国债利率来计算夏普比率，但由于我国证券投资基金每周只公布一次净值，而且发展历史较短，通常以 4 周为一个月的最近 12 个月的月度净值增长率作为计算的基础，在无风险收益率的选取上，采用了上交所 28 天国债回购利率。

二、考虑基金业绩的方法

有了评判基金业绩的指标，还要有考察基金业绩的有效方法。以下五点是考察基金业绩的实用方法，操作起来也比较简单。

一是看基金的费用。基金的经营成本每年高达数百万，这对基金的净资产值和收益都是一个负面因素，因为它们都要从基金的总资产中扣除，从而减少投资者的投资价值及收益率。因此，考察基金的费用也就成为判断基金业绩的一个重要方法。对于同样的投资额,所需支付的费用越少，投资者的实际收益就会越大，也就可以说这只基金更好一些。同时，较低的费用开支反映了基金管理公司的管理状况，也从侧面反映出其可能会有较好的业绩。基金的招募说明书中通常会详细列明所收取费用的种类，基金公司在以后的各期财务报告中也会向投资者说明各类费用的实际使用金额，借此，投资者能比较容易地在不同基金之间进行比较。

二是看基金的规模。基金的规模对基金的业绩也有很大的影响。通常来说，规模较大的基金可以很好地通过分散投资来减少投资风险，由于它们可以负担得起高昂的研究费用，请得起优秀的基金经理，投资成功率也较高，同时其费用反而会比较低，因为有些管理费用是必需的，基金的规模越大，分摊到每一基金单位的管理费用就越小。但是它也有缺陷，主要体现为在操作上缺乏机动性、灵活性和流动性，这在某些情况下会增大基金的风险。所以许多国家规定，基金持有一只证券的数量不得超过该证券在市场上的发行总数的一定比例，因而从某种程度上也限制了其赢利能力。

小基金则因为难以负担昂贵的研究分析费用，投资的风险性较高，而且基金持有人很容易拥有基金的相当份额，那么该投资者的行为会对基金的运作产生较大的影响，这无疑会影响投资者持有基金的变现能力。但是从另一方面来说，高风险的同时也可以带来高回报，很多回报率高的基金的规模都不是很大。

总的来说，以基金的规模来评价基金的业绩并不是说基金规模越大越好，或者是越小越好，而是要根据基金的不同种类、特点、市场规模等因素综合分析某种基金应当具有的规模。如对于货币市场基金和债券市场基金来说，由于固定收入型证券的性质使这两类基金的资产规模同其业绩呈正相关，即规模越大，表现也越好，因为好的交易往往被大规模交易的基金所获得；投资于蓝筹股的基金，也通常是运作得比较好的大型基金。而那些追求长期最大资本增值的进取型基金的规模则偏小，因为分散投资会降低基金的收益率，这类基金不可能去进行这种投资，因此，基金规模就偏小。

三是看基金的现金流量。现金流量可以解释为证券投资基金的货币的净增长，即购买基金单位的现金超过赎回基金单位的现金的部分。通过看现金流量来考察基金的业绩就是看基金现金流量变化以及现金流量在基金总资产中所占比率的变化。事实证明，当某一基金有大量现金注入时，基金的运作就会呈现良好的发展势头，基金的业绩也呈上升态势；但是，如果这种大量的现金流入停止，基金业绩的上升势态也会随之停止，甚至还有下降的趋势。所以，对开放式的证券投资基金而言，大规模现金流量的负增长意味着基金的投资者或是出于对基金业绩的不满，或是不堪基金的费用负担，或是由于其他一些消极因素而撤回了在该基金中的投资，意味着这只基金的业绩正在下滑，投资者应当避而远之。

如一只积极成长型开放式基金的总资产在一年内由2000万元增长到4000万元，假定其中500万元的增长归结于所投资证券的升值，其余1500万元的增长来自新股东的投资，那么，该基金当年现金净流入量占基金总资产年初值的比率为75%［（1500万 ÷2000万）×100%］，这只基金就可以称得上是一只业绩不错的基金。

四是看基金的周转率。基金的周转率是指基金的证券资产购进量或售出量的较小值与基金净资产值之比，它是一项反映基金买进和卖出证券数量的指标，即买卖其持有有价证券的频率。所以，不同的公司、不同的投资风格，其周转率是不一样的。如果基金公司注重长期投资，那么其基金的周转率就低，反之，若是以短期投资为主则其基金的周转率就高。在年度财务报告书的附注中，投资者可用证券年成交额的一半与基金平均资产净值相除来计算基金周转率，如果周转率为100%，则意味着基金持有某一股票或债券的平均时间为一年，50%的周转率则意味着基金持有某一种投票或债券的平均时间为两年，200%的周转率则意味着这个时间为六个月，依此类推。

一般来说，周转率高的基金，交易成本显然要高于那些周转率低的基金。如果证券市场正处于上升期，基金的投资收益会远远大于交易成本，此时周转率高是有利的；反之，如果证券市场处于衰退期，低周转率策略较为有利。在其他因素相同的情况下，投资者应当把视线转向基金周转率相对较低的基金，这是因为过高的周转率意味着交易成本的提高，也即收益的减少。

五是看基金的资产配置。同种基金，不同的资产配置，其基金业绩也可能是截然不同的。因为有的投资于成长快但风险高的小公司，有的则投资于成长慢但风险低的大公司。而且，持股比率及所投资的资产既会影响投资的风险和利益，也会影响到基金最终的收益。

关于证券投资基金的资产配置，投资者可以查阅有关媒体获取相关的信息资料和数据。但是仅仅知道基金拥有多少股票和债券是不够的，还必须明确知道其所拥有的每只股票和债券的数量和市值。一个比较好的办法就是查看一下基金所持有金额最大的前几种资产是什么，从而判断其收益的可能性和风险程度的大小。

基金收益的构成与分配

基金收益是基金资产在运作过程中所产生的超过自身价值的部分。具体地说，基金收益包括基金投资所得红利、股息、债券利息、买卖证券价差、存款利息和其他收入。追求收益是每个投资人的目标，也是基金能够吸引众多投资者的原因，投资者应当知道自己可以从哪里获得收益。

在基金的收益中，基金的资本利得收入在基金收益中往往占有很大比重。要取得较高的资本利得收入，就需要基金管理人具有丰富、全面的证券知识，能对证券价格的走向做出大致准确的判断。一般来说，基金管理人具有较强的专业知识，能掌握更全面的信息，因而比个人投资者更有可能取得较多的资本利得，因此，选择好的基金管理人就等于有更大的基金收益。

基金收益的构成包括利息收益、股利收入和资本利得。其中，利息收益来自于银行存款和所投资的基金债券。股利收入来自于在一二级市场购股并持有而获得的收益，包括现金股利和股票股利。资本利得来自于证券买卖的差价。

投资者购买基金的目的是为了能够获利，除了抛售基金收回投资外，对高分红的预期也是基金投资者选择基金的一个重要原因。因此，如果能及早地进入具有较高分红潜力的基金，将会提高投资者的基金的投资回报率。

基金进行收益分配的前提是基金当年收益弥补上一年度亏损后，才可进行当年的收益分配。如果基金投资当年亏损，则不进行收益分配。在进行分配时，每一基金单位享有同等分配权，一般来说每年都要至少分配一次。

开放式基金和封闭式基金在收益分配时也有一定的区别，封闭式基金的收益分配采用现金的形式，每年进行一次分配，分配在基金会计年度结束后的四个月内实施，并且收益分配比例不低于基金净收益的 90%。开放式基金的收益分配一般也是以现金的方式进行的，但是投资者可选择现金红利或将现金红利按红利发放日的基金单位净值自动转为基金单位进行再投资。如果开放式基金成立不满三个月，则不进行收益分配。

基金收益的分配方式也是投资者选择基金的重要因素。通常情况下不同基金将在各自的招募说明书中明确规定自己的收益分配原则及方式，封闭式基金由于规模是固定的，不可以增加或减少，所以只能选择现金红利方式进行分红。

现金分配也是开放式基金的主要分配方式，但是开放式基金同时还可以选择再投资方式分配基金收益，即将投资人分得的收益再投资于基金，并折算成相应数量的基金单位。这实际上是将应分配的收益折算为等额的新的基金单位送给投资人，其情形类似于股票的“送红股”，而且许多基金为了鼓励投资人进行再投资，往往对红利再投资少收或免收申购费率。

基金的管理和运作

曾经有一个消息说“买基金一周赚 20%”，这引得投资者对基金趋之若鹜。那么，基金到底是一种什么样的投资方式呢？通俗点来讲，就是个人把钱交给基金公司（资金由银行来托管），基金公司替你买卖证券，基金公司和托管银行赚取的是管理费和托管费用，投资盈亏则属于基金投资者。

巴菲特曾说过，“让时间自然而然地成为投资的朋友”。基金就是具备这样一种性质的投资工具。相较于其他投资工具，基金的风险与报酬处于相对中性的位置，所讲究的正是长期的增值潜力。就像一位基民所说的那样：“买卖股票，没赚几个钱，天天还提心吊胆。从风险和付出时间等方面来看，基金还是上算的。”

那么，具体而言，基金是如何管理和运作的呢？下面我们用通俗的例子来加以说明。

假设您有一笔钱想投资于债券、股票这类证券进行增值，但自己又一无精力二无专业知识，钱也不算多，就想到与其他9个人合伙出资，雇一个投资高手来操作大家的资金，进行投资增值。但如果10个投资人都与投资高手随时交涉，那势必会牵扯过多的精力，于是就推举其中一个最懂行的牵头办这事，大伙则定期从合出的资产中按一定比例提成给他，由他代为付给投资高手劳务费。当然，他自己出力张罗大大小小的事，包括挨家跑腿、有关风险的事向高手随时提醒着点、定期向大伙公布投资盈亏情况等，也不白忙，提成中的钱也有他的劳务费。上面这些事就叫做合伙投资。将这种合伙投资的模式放大100倍、1000倍，就是基金投资。而这种民间私下合伙投资的活动如果在出资人间建立了完备的契约合同，就是私募基金。

如果这种合伙投资的活动经过国家证券行业管理部门中国证券监督管理委员会的审批，允许这项活动的牵头人向社会公开募集、吸收投资者进行合伙出资，这就是发行公募基金，也就是大家现在常见的基金。

而基金管理公司就是这种合伙投资的牵头操作人，不过它是个公司法人，资格要经过中国证监会审批。基金公司与其他基金投资者一样也是合伙出资人之一，另一方面由于它牵头操作，要从投资者合伙出的资产中按一定的比例每年提取劳务费（又称基金管理费），替投资者代雇代管负责操盘的投资高手（基金经理），以及帮高手收集信息搞研究打下手的人，定期公布基金的资产和收益情况。

为了保证投资者的资产安全，不被基金公司的牵头操作人私自挪用，中国证监会规定，基金的资产不能放在基金公司手里，基金公司和基金经理只管交易操作，不能管钱，记账管钱的事要找一个擅长此事又信用高的人负责，这个角色当然非银行莫属。于是这些资金（就是基金资产）就放在银行，建立一个专门的账户，由银行管账记账，称为基金托管。当然银行的劳务费（又称基金托管费）也得从投资人合伙的资产中按比例抽取并按年支付。

所以，基金资产相对来说只有因那些高手操作不好而亏损，基本没有被私自挪用的风险。从法律角度说，即使基金管理公司倒闭甚至托管银行出事了，但哪一方债权人都无权碰基民放入基金专户的资金，因此基金资产的安全是有保障的。

如果这种公募基金在规定的时间内宣告成立（国家规定至少要达到1000个投资人和2亿元才能成立），就停止不再吸收其他的投资者了，并约定谁也不能中途撤资退出，只可以到某年某月为止才能算账散伙，中途若想变现，只能投资者自己找其他人进行变卖，这就是封闭式基金。

如果这种公募基金在宣告成立后，仍然欢迎其他投资者随时出资入伙，同时也允许投资者随时部分或全部地撤出自己的资金和应得的收益，这就是开放式基金。

不管是封闭式基金还是开放式基金，如果为了方便投资者买卖转让，就可以在交易所（证券市场）将基金挂牌，按市场价在投资者间自由交易，就是上市的基金。

基金的获利方式及影响因素

投资基金的获利来源主要有两个，一个是由于买卖基金的价格差异所产生的资本利得，一个是因为基金分红所产生的投资收入。其中，如果投资者投资的是开放式基金，产生资本利得是因为基金所投资的股票或债券升值或获取红利、股息、利息等，导致基金单位净值增长；如果是封闭式基金，产生资本利得是因为市场供需关系变化导致基金价格上涨，使得卖出基金单位时取得价差收入。把这个价差收入扣掉买卖基金时的相关手续费用后，就是投资者真正的资本利得收益。

由此可知，除了买卖基金时的价格差异为投资者带来收益以外，在投资期间投资者所取得的基金分红也会增加投资者的收入，这同样是投资基金获利的组成部分。因此，投资基金的总收益就等于资本利得收益加上分红收益。

一、差价获利

一般的投资通常就是逢低买入，逢高卖出，以寻求最大的获利，基金投资获利也遵循这样的原则。对于在市场上挂牌的封闭式基金，其市场价格随着市场供求的变化而不断上下波动，投资者在市场上低价买入基金再高价卖出，扣除应缴的手续费后，就是价差获利。

二、分红收益

很多投资者可能都听说过基金分红，分红是投资基金获得收益的途径之一。基金资产经过运作后产生的收益，根据国内有关法规规定，在满足一定的分红条件后，每年至少分红一次。不同类型的基金，分红方式可能也不一样。成长比较积极的基金，投资的主要目标是为投资者提供资金长期增长的机会，可能会把相当的基金收益滚入基金资产，达到基金资产不断累积增长的目的，因此分红的比例和次数不多。而比较稳健的基金，为了给投资人提供相对稳定的收益，分红的次数可能比较多。

基金分红的原则和方式在基金的公开文件中都会有明确说明，根据证监会的规定，在基金的公开文件中要明确一只基金一年中最多的分红次数，投资人应该在购买基金前对分红政策有所了解。

对于主要投资于证券品种的基金而言，基金分红主要有现金分红和分红再投资两种方式，投资者可以自主选择分红方式。

我们下面举例说明这两种方式的不同。如果持有某只基金 10 万基金份额，现在每基金份额分红 0.05 元，假设投资者选择的是现金分红方式，那么投资者可以得到 0.5 万元现金红利；假设投资者选择的是分红再投资，而分红基准日基金份额净值为 1.25 元，那么你可以分到 5000÷1.25 = 4000 份基金份额，这时投资者持有的基金份额就变为 10.4 万份了。

如果投资者选择了红利再投资，则基金份额为 10.4 万份。如果投资者是拿到 0.5 万现金而又重新投资基金，假设购买日基金份额净值仍为 1.25 元，申购费为 2%，那么投资者的申购费用是 5000–［5000÷（1+2%）］=98.0392 元，申购份额是 5000÷（1+2%）÷1.25=3921.57 份。比上面的 10.4 万份少了 78.43 份。可见影响分红收益的因素有两个：一是红利再投资方式不收取申购费用，二是购买时的基金份额净值要依据分红基准日的净值来定。

有些基民常常会有这样的困惑：为什么有时候股市连续上涨，自己手中基金净值的增长却很迟缓，而有时候股市震荡，基金净值反而表现强势。

那么，到底是什么因素左右着基金回报呢？综合起来，主要有以下三方面的因素：

一是基金规模的影响力。过去，基金规模并未被投资者重视。对不少人来说，基金规模似乎是基金公司的事，自己只要选定基金类型，就没有什么大问题了。但是，越来越多的统计发现，基金规模的影响力正在加大。事实上，基金规模过大或者过小其表现都不佳。值得注意的是，那些规模处于过大或过小的基金，业绩明显不如规模适中的基金。考察基金公司主要是看基金公司的管理能力、人才储备情况和投资研究能力。

如果一味地追求大规模可能会对基金的业绩造成一定损害，而如果选择的基金过于迷你，则容易被赎回潮冲垮。

二是基金经理的投资能力。现在各家基金公司都在大力开展营销，业绩出色的基金公司的知名度都在迅速提高。相比之下，市场对基金经理的介绍还不是很多。不少市民已经买了基金，还弄不清自己的基金经理是何方神圣。

业内人士介绍，基金公司有一批人，专门选择股票组成一个股票池，基金经理的工作是从股票池中精心选择股票。基金经理对基金业绩的影响有多大，要视不同类型的基金而定。如果是管理一只指数型基金，基金经理的职责主要是尽可能减少误差，工作内容偏向于技术性，对基金业绩的贡献程度较小。而管理一只成长型基金，需要挑选成长型股票，基金经理的眼光就比较“毒”了。这时，基金经理对基金业绩的贡献就比较大。所以，投资者要根据基金的类型来选择基金经理，同时通过基金经理的影响程度来确定具体的基金品种。

另一方面，投资者通常认为资深的基金经理应该比资历浅的基金经理能力强，而美国某大学的两位研究者发现，资深的基金经理在投资能力上并不优于资历较浅者。具体而言，基金经理的经验多寡对于成长型基金的业绩有显著影响，经验越丰富者表现越佳，但对于收益型基金的业绩则没有显著影响。一般来说，多经理制基金优于单经理制基金，选择多经理制基金公司有利于基金的长期稳定性。

三是基金公司的投资风格。一般来说，业界习惯把基金的投资风格分为这样几个类型：积极进取型、稳健成长型、平衡型、中小企业成长型、资产重组型、科技型等。下面我们分别对这几种基金类型加以说明。

积极进取型和稳健成长型基金：同样是在上升的股市投资中，某基金的基金净值增长率超出其他基金，业绩表现十分突出，说明这是一只积极进取型的基金。同样是在跌市中，某基金的基金净值跌幅明显少于其他基金，或者根本不跌，说明该基金是一只稳健成长型的基金。

平衡型基金：平衡型基金同时投资于成长型股票和有良好股利支付记录的收入型股票，其净值的波动较平稳，获得的收益与相应的风险均介于成长型基金和指数化投资之间。

中小企业成长型基金：此类基金主要投资于创新型中小企业，包括技术创新、产品创新、制度创新和管理创新企业。

资产重组型基金：此类基金主要投资于资产重组型企业。

科技型基金：此类基金主要投资于科技创新型企业。

除此之外，还有一些其他类型的基金，如指数型基金、优化指数型基金等，后面的投资实务中有专门的介绍。

市民在购买基金之前，要仔细研究基金契约，特别是其中对投资目标、投资范围的规定，基金契约也会对基金自身的类型进行定位。

同一个股市，不同类型和风格的基金，业绩差别很大。因为投资风格体现的是基金对市场的判断。基金对市场的主观认识越符合市场的客观实际，它的投资策略就越有成效，基金的业绩自然也就越好。

另外，基金公司的创新成果也是衡量基金公司是否在投资方面积极努力的一个参考因素。一家基金公司敢不敢吃螃蟹，螃蟹吃得好不好，都是基金公司是否具有上进心的表现。

当然，以上影响基金业绩的因素并不是绝对的。投资之前，投资者还是要综合对比，谨慎决策。

基金收益率的计算

普通投资者最关心的就是开放式基金是如何赚钱的，那么，如何计算自己的收益呢？作为投资者，在持有期内主要通过基金的分红来获得收益；而投资者在赎回基金时候，如果基金份额净值高于申购时的基金份额净值，那么所得到的净值差价，也是投资者获利的来源之一。需要注意的是，投资者通过分红与净值差价所获得的收益还要扣掉相应的申购费和赎回费后，才是投资者获得的真正的投资收益。

假设一投资者在一级市场上以每单位 1.01 元的价格认购了若干数量的基金，这里以基金兴华为例。1999 年 4 月初，基金兴华进行了分红，单位派现额 0.022 元，目前的价格为 1.40 元。如果以此价格把基金卖出，那么投资者一年半的时间内实现的总收益为 40%，的确十分惊人。当然，更多投资者手中的新基金是从二级市场上购买的，如果按照当前市价卖出，那么他们收益率又是怎样的呢？对此这里分三种情况进行分析。

由于所要计算的是基金的短期收益率，因此我们选用了当期收益率的指标。当期收益率 $R=(P-P_0+D)/P_0$。

一、市价 $P>$ 初始购买价 P_0

初始购买价格 P_0 小于当期价格 P，基金持有人的收益率 R 处于理想状态，R 的大小取决于 P 与 P_0 间的差价。

假设投资者在 1999 年 1 月 4 日购买兴华的初始价格 P_0 为 1.21 元，当期价格 P 为 1.40 元，分红金额为 0.022 元，收益率 R 为 17.2%；1999 年 7 月 5 日购买，初始价格 P_0 为 1.34 元，则半年期的收益率为 4.47%，折合为年收益率则为 8.9%；1999 年 10 月 8 日兴华的价格为 1.33 元（也是 1999 年下半年的平均价格），那么其三个月的持有收益为 5.26%，折合年率高达 21%。当然，这样折算只是为了和同期银行储蓄存款利率做对比，这种方法并不科学。

从以上分析可知，在基金当期市价大于基金初始购买价时，投资者能够获得较为丰厚的收益。

二、市价 P= 初始购买价 P_0

由于市价与初始购买价相同，因此基金投资者的当期的投资收益为 0。此时基金分红派现数量的多少并不能增加投资者的收益率。道理很简单，下面仍以基金兴华为例。

假设投资者初始购买价为 1.40 元，目前的市价也为 1.40 元，并且在基金除息日前一天还是这一价格，基金每单位分红 0.36 元。如果投资者在除息日前一天卖掉了基金，显然他的收益率为 0（不考虑机会成本）。除息后基金的价格变为 1.04 元，虽然投资者得到了 0.36 元的现金分红，但他手中的基金只能够在市场上卖到 1.04 元（不考虑基金受到炒作从而使基金价格出现类似“填权”的行情），可见投资者的收益率并没有发生变化，仍为 0。

当然，如果基金在除息后出现类似于“填权”的价格上升，则基金投资者的收益开始为正，并随着价格升幅的增大而增加。相反，如果基金价格下降，低于 1.04 元，则基金投资者就会出现亏损。

三、市价 P< 初始购买价 P_0

在这种情况下，投资者将出现亏损。仍以基金兴华为例，假设投资者初始购买价为 1.50 元，目前的价格为 1.40 元。如果基金在除息日前价格不能回到 1.50 元或除息后价格不能升至 1.14 元，那么投资者将一直处于亏损状态。

由此我们可以得出这样的结论：短期内，基金价格的变动决定了基金收益率，而基金分红派现对投资者的收益状况并不产生影响。

需要指出的是，计算中可能出现这样的误区，即把基金看做是和银行存款同种性质的金融产品，因此在计算基金收益率时套用了储蓄存款利率的计算方法。如在计算基金兴华的收益率 R 时，用 0.362 元的派现金额直接除以年初的购买价格 1.21 元，此时 R 高达 30%；或者除以 1.40 元的当期价格，年收益率 R 也有 25%。这种收益计算方法忽视了基金分红派现后要进行除息，其价格会等额下降这种情况的出现。

如果假设投资者长期持有基金，那么上述对投资者收益情况的讨论即失去了意义。具体来说，无论基金的当期价格大于、等于或是小于初始购买价格，对投资者的收益状况都不会有实质性的影响，所带来的只是浮动的或者是账面上的盈亏变化。为了考察投资者长期持有基金收益的情况，这里选用了到期收益率作为衡量指标。设到期收益率为 R，基金的初始购买价格仍为 P_0，P_t 为基金的卖出价格。

在购买价格 P_0 确定时，到期收益率 R 的大小取决于每期分红派现的数量以及期终基金的价格与期初购买价格的差价。一般来讲，越是临近基金的清算日，基金的价格就越接近于基金的单位净值，基金价格与基金净值之间会出现类似于期货价格和现货价格在交割日趋同的现象。因此，在基金清算日附近，净值高的基金，价格也就越高。所以，基金到期净值的多少也是影响基金收益率的重要因素。由于基金存在强制性的分红派现机制，即基金每年只要有已实现的净收益，那就必须向投资者进行现金派送。而分红派现会等额减少基金的净值，从而对基金净值的积累和增长是一个负面因素。每次分红派现后，基金都可能出现“而今迈步从头越”的情况，基金净值的变化会大致呈现出波浪形的轨迹。因此，基金最终的净值，这里我们不妨称之为基金的清算价值的多少，不但受每期分红派现数量的影响，而且更取决于基金净值积累的情况。而决定后者的唯一因素就是基金的持续赢利能力，该项能力越强，基金每期分配后净值积累得就越多，基金预期的清算价值也就越高，基金投资者的收益就会越大。

基金分红派现的多少从根本上来讲取决于基金本身的收益状况。单期分红数量对投资者到期收益率的贡献很小，基金只有使每期的分红都保持较高的水平，才能使到期收益率得到大幅提高。另外，基金分红派现本身从某种程度上可以看成是除基金净值之外的又一信号机制，它可以充当基金管理人向市场、投资者传递信息的有效渠道。由于基金每期实现的收益是可知的，从而分红派现的数量在一定程度上是可以大致控制的，而分红派现则要涉及基金投资组合的调整。一般来说，分红数量越多，基金组合调整的幅度就越大，对基金未来收益的影响也就越明显。因此，投资管理水平较低的基金管理人就倾向于少分，而水平高的基金管理人由于能够把调整的影响降至最低，加之对自身未来赢利能力有信心，相同条件下就会倾向于尽量多分，并希望借此把这一信息向市场传递，以在市场上树立良好的形象。当然这里所说的分配的多少是一个相对值，即相对于基金本身净值而言，它不是一个绝对量。

因此，基金分红派现的情况有助于市场形成关于基金管理人投资水平和持续赢利能力的预期。这种预期会随着基金净值的增长情况以及每期分红派现情况而不断得以修正或加强，从而为投资者进行投资选择提供了依据。

从以上分析可以看出，长期来看，基金的持续赢利能力是决定投资者基金收益率的最主要因素。

基金的费用及节约技巧

在基金销售和运作的过程中会发生一些费用，这些费用最终由基金投资人承担，用以支付基金管理人、基金托管人、销售机构和注册登记机构等提供的服务。这些费用主要可以分为两类，即由投资者直接负担的基金持有人费用和基金的运营费用。

对于封闭式基金的持有人而言，其所要直接负担的费用就是在买卖基金的价格之外支付一定比例的佣金，与买卖股票一样。而对于开放式基金的投资者而言就指的是申购费、赎回费、基金转换费、红利再投资费用等。

在实际的运作当中，开放式基金申购费的收取方式有两种，一种称为前端收费，另一种称为后端收费。前端收费指的是投资者在购买开放式基金时就支付申购费的付费方式，后端收费指的则是投资者在购买开放式基金时并不支付申购费，等到卖出时才进行支付的付费方式。后端收费的设计目的是为了鼓励投资者能够长期持有基金，因此，后端收费的费率一般会随着投资者持有基金时间的增长而递减。某些基金甚至规定如果投资者能在持有基金超过一定期限后才卖出，后端收费可以完全免除。

要提醒广大投资者的是，后端收费和赎回费是不同的。后端收费与前端收费一样，都是申购费用的一种，只不过在时间上不是在买入基金时而是在卖出基金时支付。因此，如果投资者购买的是后端收费的基金，那么在投资卖出基金的时候，除了必须支付赎回费以外，还必须支付采取后端收费形式收取的申购费。

我们先来看看开放式基金的申购费。

申购费指投资者在购买基金单位时所支付的费用，因为基金在设立和发行过程中，会发生一定的费用用于支付经纪人的佣金、广告费以及会计师费和律师费，这些费用都将计入基金的销售价格，由投资者在申购基金单位时负担。申购费可以在投资人购买基金单位时收取，也可在投资人卖出基金单位时收取。

按照《开放式证券投资基金试点办法》规定，申购费不超过申购金额的 5%，并根据交易量大小有不同的费率标准。例如，某基金根据申购金额确定的申购费用如下：

申购金额用 M 表示，申购费率用 N 表示。

M < 100 万，N=2.0%。

100 万≤ M < 500 万，N=1.8%。

500 万≤ M < 1000 万，N=1.5%。

M ≥ 1000 万，N=1.0%。

再来看开放式基金的赎回费。

开放式基金的赎回费是指在开放式基金的存续期间，已持有基金单位的投资者向基金管理人卖出基金单位时所支付的手续费。赎回费是对其他基金持有人安排的一种补偿机制，通常赎回费计入基金资产，也有的扣除一部分用作手续费，由基金管理人和代销商支配。我国的《开放式投资基金证券基金试点办法》规定，开放式基金可以收取赎回费，但赎回费率不得超过赎回金额的 3%。目前赎回费费率通常在 1%以下，并随持有期限的长短有相应的减让。

开放式基金在赎回时采用“未知价法”，即基金单位交易价格取决于赎回行为发生时尚未确知（但当日收市后即可计算并于下一交易日公告）的单位基金资产净值。因此，赎回基金单位的费用计算方法如下：

赎回费用 = 赎回份额 ×T 日基金单位净值 × 赎回费率。

赎回金额 = 赎回份额 ×T 日基金单位净值 – 赎回费用。

假如投资者赎回 5 万份基金单位，假设赎回费率为 0.5%，当日的基金单位资产净值为 1.1688 元，其得到的赎回费用和赎回金额为：

赎回费用 =50 000 × 1.1688 × 0.5% =292.2 元。

赎回金额 =50 000 × 1.1688–292.2=58 147.80 元。

还有就是基金的转换费，它是指投资人在同一基金管理人所管理的不同基金（伞形基金）之间，由投资的一只基金转换成另一只基金所要支付的费用。基金转换可以方便地帮投资者实现目标基金的投资，而所付的转换费一般较赎回费或交易费要少得多，而且目前许多基金采取不收取转换费的方法以稳定投资者。

因为只有开放式基金可以将红利进行再投资，即在投资人将从开放式基金所得到的分配收益再继续投资于基金还要支付一定的申购费用，有的基金为了鼓励投资者继续投资，对该项费用实行低收或不收的方法。

除了上述几项以外，基金的其他非交易费用还包括开户费、转换注册费和账户维护费等。开户费指投资人在开立基金账户时支付的费用，转换注册费指投资人在办理基金单位在不同账户间的转换业务时支付的费用，账户维护费指基金管理人向投资人收取的用于管理和维护投资人基金账户的费用。以上费用须以固定金额的方式收取。基金管理人可根据一定标准的投资人设定不同的费用水平，但须在招募说明书中载明具体的处理方式。

投资者除了要知道自己买卖基金时应交纳的费用外，还应当了解基金在运营过程所产生的一些费用，它们是基金成本的重要组成部分，也会影响到基金的收益。基金运营费用是指基金在运作过程中发生的费用，主要包括管理费、托管费、交易费以及其他费用等，这些费用将直接从基金资产中扣除。

基金管理费，是指支付给实际运用基金资产、为基金提供专业化服务的基金管理人的费用，也就是管理人为管理和操作基金而收取的费用。它是支付给基金管理人的报酬，其数额一般按照基金净资产的一定比例（年率）逐日计算累积，从基金资产中提取，定期支付。基金管理费是基金管理人的主要收入来源，基金管理人自己的各项开支不能另外向基金或基金公司摊销，更不能另外向投资人收取。有的基金还有业绩表现费，如对冲基金，它是指固定管理费之外的支付给基金管理人的与基金业绩挂钩的费用。

基金托管费，是指基金托管人为基金提供托管服务而向基金或基金公司收取的费用。托管费通常按照基金资产净值的一定比例提取，逐日计算累积，定期支付给托管人。

交易费用，是交易基金时收取的手续费，不同的基金所收取的费用不一致，有时同一个基金还会出现因为投资者交易量的大小而收费不同，但是，基本上都有一个上限和计算方法，这些都会在基金招募时就进行公布。

除了上面几种主要的费用外，还有信息披露费、律师费等费用。

基金的各项运营费用也是按照一定方法来计算的，不能由管理人随便地收取。通常的计算方法及收费标准如下：

基金的管理费按基金资产净值的一定比例逐日计算，定期提取。即：每日计提的管理费 = 计算日基金资产净值 × 管理费率 ÷ 当年天数。

托管费也按基金资产净值的一定比例逐日计算，定期提取。即：每日计提的托管费 = 计算日基金资产净值 × 托管费率 ÷ 当年天数。

管理费是支付给基金管理公司的费用，托管费是支付给银行的费用，两者的费率是不一样的。其他如注册登记费、席位租用费、证券交易佣金、律师费、会计师费、信息披露费等也都按照一定的标准收取，这些在基金的招募说明书中都必须公布，投资者在选购基金时要注意看基金的招募说明书。

那么，如何才能巧妙地节约基金手续费呢？下面向投资者介绍三种方法：

一个是巧用稀释减损法减少损失。假如投资手中持有某基金 1 万份，该基金已由认购时的面值1元，跌到了面值0.9元，如果你认为该基金具备长期投资价值并出现回升迹象，这时你可以以每份0.9元的价格，再申购5000份来增加持仓量,从而达到稀释持有该基金成本的目的。这样一来，当该基金随着市场波动恢复到面值0.966元时，你就把原来亏损的1000元找回来了,以后该基金面值每上涨0.1元,你就可以有1500元的赚头了。

二是巧用基金组合策略降低风险。为了降低基金投资风险，应该依照“不要把鸡蛋放在一个篮子里”的投资原理，对基金进行合理地配置。例如，在购买股票型基金的同时，也可以组合投资一部分债券基金、货币基金等相对安全的低风险品种，从而有效地分散投资风险。组合配置的方法有三种：一种是可以将不同基金公司旗下不同类型的基金按相应比例进行组合；另一种是实行核心—卫星模式进行组合配置，即以大部分资金选择指数基金作为核心资产，其他少部分资金投资于其他类型的基金作为卫星资产；还有一种是如果投资者手中的资金数量不太大的话，可以只选择一家业绩优秀并且各类基金品种比较齐全的基金公司，将该公司旗下的股票型基金、债券型基金、货币市场基金简单按各三分之一的比例进行组合配置。

三是巧用基金之间可以相互转换的方法轻松避险。一般来说，同一基金公司旗下的不同基金之间都可以互相转换。假如投资者购买了某基金公司旗下的股票型基金，当经济景气周期处于高峰，同时又面临下滑风险时，投资者可以把逢高获利但风险较大的股票型基金逐步转换成风险较低的债券型基金或货币市场基金，可以在任何时候都避免股市下滑造成基金净值缩水的风险。而在股市从空头转为多头时，你不妨又可以将债券型基金或货币市场基金转换成股票型基金，以不失时机地抓住赚钱的机会。如果采用先赎回A基金再申购B基金的笨办法，需要先缴纳A基金0.5%的赎回手续费，然后再缴纳B基金1.5%的申购手续费，二者相加就是 2%的费用。如果你采用基金之间直接转换的方法，一般来说只用支付 0.5%的转换费用。有的基金公司还规定，在一年内可以享受两次免费转换，从第三次起转换费用也只有 0.25%。

资金管理中的博弈术

从理论上讲，投资者的投资金额一般应限制在全部资金的 50%，更保守者是 30%。但如果我们把交易成本赔了 50%，接下来该怎么办呢？是用剩余的 50% 把损失的赚回来，还是用剩余资金的 50%，即原有总资金的 25% 来赚回它的两倍的金额？再假如，我们用原有资金的 50% 进行交易，赚取交易额的一倍。为了从资金的运作中获取更大的收益，我们当然应该把交易扩大一倍，但这样一来，就有可能把刚刚赢利的部分赔进去，甚至糟糕到连本钱也要搭进去。

那么，我们应该怎么办呢？这要求我们本着两个原则行事。这两个原则一是组合投资，二是止损。

组合投资是时下流行的一种做法，即不要把鸡蛋放入同一个篮子里。的确，网络的出现使期货交易者能同时进行多个商品合约的期货交易。但问题是，鸡蛋虽分放在多个篮子里，而提篮子的还是我们自己，请问我们有几只手能同时把握住我们的几个篮子？时下有许多公司以不同的方式组织散户资金，形成基金，增强抵御风险的能力；而组合投资却认为，我们应分散有限的资金，化整为零。期货市场中有经验的投资者都深知，抵御风险能力越强，获取利润的空间就越大。

止损是一种不使资金出现更大损失的有效方法。但是，魔鬼般的价格走势却常常打乱投资者的止损计划，令投资者平仓不及。更糟糕的是，在价格宽幅振荡时，止损搞得我们左右不是人。比这还要可怕的是，那些不以趋势为准则，而是以资金、概率为准则设置止损的人，实际上是慢性自杀。

我们先借助期货交易中常见的资金运用的方法来说明这个问题。

满仓交易法是斗士的做法，他们一旦认为捕捉到行情，便毫不犹豫地满仓吃进或抛出。

倒退增仓交易法的做法是，在自认为期货价格即将上涨，但又觉得把握不大时，首先试探性地根据资金比例小量买进，如果价格没有上涨而是下跌，当价格下跌到一定价位时，又以第一次交易额一倍的资金吃进；如果事情不妙，价格再次出现下跌，他们就会以第二次交易额一倍的资金第三次吃进。假设看空，则反向操作。

激进增仓交易法就是假定价格即将上涨，先以少量资金买进，一旦赢利，不是平仓，而是以数倍于第一次的交易资金，大量买入；如果价格继续上扬，就有可能将剩余的资金全部投入进去。假如失误，或平掉交易头寸，重新梳理头绪；或不加理会，寻求新的机会。如若做空，也是如此。

炒单交易法即快进快出，抓住每天价格波动中的波纹式的极小差价，是一种以量求胜的交易手法。

死抗交易法就是不管做多做空，不管所做的交易订单赢利还是被套，总是死死地持有自己的交易头寸，直到自己认为该出仓或不得不出仓时才有所行动。这类投资者的理论根据是，被套时，认为价格有一涨就必有一跌，有一跌就必有一涨，价格总有回来的时候。赢利时，认为趋势不可能在短时间内结束，要让利润充分增长。

双向对开仓交易法俗称锁仓交易法，即在同一月份，同一价位（相对而言），双向同时对等交易额建仓。如果价格上涨，有两种做法。一是直到确认价格已到顶部，平掉多单，持有空单；二是多单一旦赢利，持有赢利的交易头寸，平去亏损头寸。价格如果下跌，反向操作。

概率交易法的意思是说，第一次交易失败，以自己制定的少量的亏损限额平仓出局；第二次交易失败，仍以自己制定的少量的亏损限额平仓出局；第三次、也许是第四次应当获利。因为概率，笔者把它称为概率交易法。

套利交易法是根据不同市场的同一品种，或是同一市场、同一品种的不同月份，根据其间的价差，多空等金额进行交易，套取利润。

在这里，我们姑且不论这些交易手法的孰优孰劣，因为这里面有个时机抉择的问题。假如出入市机会选择得好的话，我们选择哪种交易方法都不算错；但若做出的抉择总是错误的话，恐怕哪种交易方法都会令人垂头丧气。以上所说的几种交易手法，或是因市场的不同，或是因投资者的经验和性格的差异而不同，每种交易方法基本上又能大同小异地划分出两三种交易方法。

除了借助期货交易中常见的方法外，我们也可以通过动物的捕食艺术与交易技巧来进一步阐释这个问题。在自然界中，有许多动物的捕食艺术值得我们深思，下面是几类动物的精彩的捕食片段：

在非洲一个平原上，蜿蜒地流淌着一条静静的河流。一只鹿来到小河边，警惕地望望四周，直到确认静谧的河边没有危险后，才低下头饮水，但还时不时地向四周看看。也许宁静的河面是一种安全的象征，也许清凉的水使它格外的放松，只有那么一瞬间——仅仅一瞬间，它陶醉在饮水的快乐中。然而就在这一瞬间里，悲剧发生了——没有一点迹象表明会发生悲剧的宁静的河面上突然跃出一只张着大嘴的巨鳄，它咬住了那只正在低头饮水的鹿，把它拖入了水中……

一只连续七天都没有捕到食物、饥肠辘辘的狼，馋眼地盯着前方的一只雄性黄羚羊。黄羚羊的个头比狼大得多，头上又长着足以让狼毙命的锋利的角，令狼望而生畏。如果狼不十分饥饿的话，多数情况下它会放弃这种危险的捕食，但今天它不能放弃。狡猾的狼乘黄羚羊不注意的瞬间，迅速从黄羚羊后方冲了上去，伸出锋利的爪子在黄羚羊的后大腿上狠狠一划。等黄羚羊反应过来，试图用自己锋利的角来挑破狼的肚皮时，狼已很快躲开。躲开的狼并没有离去，而是与黄羚羊保持一定的距离跟着它。黄羚羊腿上被抓的地方出现了几道血痕，渐渐地开始流血。炎热的夏季，血腥味很快引来了苍蝇和其他蚊虫的叮咬；黄羚羊的伤口开始化脓，也由此引发了其他疾病……当狼看到黄羚羊开始艰难地迈动着三条腿时，知道猎物已经不能伤害自己了，便猛地扑上去，一口咬住了黄羚羊的脖子……

在交易过程中，我们是像鳄鱼那样沉着忍耐，盯准机会全力一击，还是像狡猾的狼那样，分阶段地保持距离，规避风险，等待时机的来临呢?

通过对期货交易中和动物捕食技巧的阐述，我们不难总结出有关交易技巧与资金管理的肤浅看法。

交易技巧与资金管理应配合运用才能得到最佳效果。这样的话说起来轻松，但做起来却很难。在涨势之中，用正金字塔式交易法建多仓固然为上策，但这种情况很少出现。原因之一是期货市场的风险性，其二是很少有人在判定趋势的涨跌后，以大比例资金比例进行交易，总是以试探性的小额资金进行交易。所以，不由自主就形成了倒金字塔式的交易，实际上也就是上面所说的“激进增仓交易法”。

“风险难以控制，煮熟的鸭子也会飞”。也就是说，在大势判断、时机抉择上出现失误的话，再好的交易技巧与资金管理都会显得苍白无力。鉴于此，我们认为，只有根据自己的水平、性格、爱好，以及心理承受能力，选择适合于自己的交易方法和资金管理，才能达到自己期望的交易目的。

这一点，应该成为实际操作中的底线。

事实上，往往一波大势做下来，无论赢利与亏损，无论愿意不愿意，在我们的大脑中都会形成一种习惯性既定模式的思维。尤其对于那些刚刚进入期货市场做交易的新手，这种惯性既定模式思维的危害是极大的。例如我们做多，恰巧遇上一波上涨的价格趋势，由于赢利，会不由自主地在我们的头脑中形成一种观念，即做多能赚钱。于是，在接下来的很长一段时间内我们仍习惯于做多。而事实是，往往一波大势走完之后，继之而来的是它的反向运动。在这个时候，我们就会出现亏损，甚至糟糕到连本钱也要搭进去。反过来也是一样。

所以，一波大势下来，无论赢利与亏损，我们都要休息一下，以利于调整自己的心态，理顺自己的思路，以达到最佳的搏击状态。

第二章　选购基金，重在适合

基金名称琳琅满目，比如价值、成长、稳健、积极、大盘、小盘，等等。但“大盘”的基金可能实际主要投资于中小盘股票，而某只“小盘”基金也许拿了一堆大盘股。挑选基金看名更要看实，为此，本章内容帮助读者揭开基金的面纱，发掘其真实的内在。

选择基金必须遵循的原则

在选择基金时，投资者应当遵循一定的原则，以期更大限度地保证自己的投资可以有钱可赚。这些原则主要包括以下方面：

一、投资安全第一

由于投资基金也是有一定的风险的，所以投资者最好本着“安全第一”的原则，就像过马路一样，宁可少赚也不要冒险去盲目投资高风险的基金。基民在选择基金时，宜将自己的大部分资金投资于那些比较稳定、流动性较强的投资基金。如选择收入型的开放式基金，在有不时之需时能方便地赎回现金；或选择收入型的封闭式基金，可获得长期而稳定的收益。

二、切忌追逐时尚

由于有的投资者信息滞后、缺乏经验等原因，一味地追求市场时尚、随波逐流，其结果往往是节奏慢半拍，就是赶不上最新潮流，以至于常常落入潮流之后的旋涡中。依据过去的优秀排名来选择证券基金，犹如一味追求市场时尚，也许能偶尔奏效，但大多时候很可能是错棋一着，本金尽亏。所以说，基金的过往业绩仅仅是选择基金时要考虑的指标之一，但绝不能照单抓药，完全看以往的业绩来选择基金。

三、避免投机行为

基金的种类很多，像在期货、期权等衍生金融产品方面进行基金投资的收益可能是非常高的，所以一些基民就抱着一种投机心理，选择这样的投资方向。但他们忘记了一点，高收入的背后也隐藏着高风险，一旦失败其损失将是相当惨重的，就像一些投资股票失败而跳楼的人一样。所以，基民对主要从事这类投机活动的投资基金应避而远之，不要为他们一时的侥幸成功所迷惑，不要贪图一时的高收入，因为它们不可能在投资基金中取得主流地位。

四、选择成长型基金

尽量多选择成长型基金进行投资，可以带来较高的收益，也有利于对付通货膨胀，因为投资股票提供了一种长期对付通货膨胀和抵抗购买力风险的最佳措施。成长型或积极型的投资基金，将其绝大部分资金投资在股票上，它们是年轻基民比较理想的选择对象，但要注意与自己的风险承受能力相适应。

五、选好入市良机，切忌追高杀低

虽然基民都懂得“低价买进，高价抛出”的大道理，但在何时以怎样的方式从牛市中获利，从熊市中离开，却不是一个能轻松地处理好的问题。

许多基民在投资时，不善于把握时机，总是慢一拍，看别人赚了，便心痒难耐，贸然入市，而不管此时基金价位是否过高，结果在市场峰谷快速转换中被套牢了。基民在入市前一定要做好充分的分析，切忌追涨杀跌，那样是最容易被套牢的，要有平常心和耐心，避免在证券市场已升至顶部时向投资基金大量“注资”，也不要在价位接近谷底时轻易脱手。

六、选择与市场指数接近的投资基金

投资基金应选择那些与市场指数接近的基金，而不要选择那些投资组合过于集中的基金。如果基金将资金集中投资于某些特定行业，如高科技、咨询业、垄断行业等，基金的业绩就容易大起大落。这些特定的行业走高，则获利甚丰；特定行业不景气，赔得也会很惨。因此，对这类基金的投资切忌过猛，否则有可能血本无归，这样的基金其实没有起到分散投资风险的作用，失去了基金的本义。而有些基金的投资组合，是选择市场指数的大部分或全部样本股或万分股来建立的。这类投资基金的被动式管理为基民提供了一条低成本的选择。利用这类投资基金的优势，大致可以确保投资不会远远地落在市场整体走势的后面，也会有比较稳定的收益。

七、选择费用低的基金

基金费用是基金投资成本的一部分，从追求利益最大化的角度来看，当然是成本越少越好，费用越低越好。所以，低成本的基金相对来说可以为投资者带来更多的回报。因此，高收费基金的绩效若不是十分突出，或者投资者只希望做中短期投资，为保证投资回报，最好回避高收费基金。

八、选择那些业绩持续稳定地增长的投资基金

业绩持续稳定地增长，可以反映投资基金的良好业绩，这一方面反映

出基金管理人优秀的管理水平、管理技术和管理手段，而并非依靠一时的运气和机遇，另一方面也反映了基民们对他们的信任和信心。所以这类基金可以作为投资选择的重点，但是这也并非是说凡是这样的基金都可以选择，还需要投资者结合其他方面的因素做出判断。

九、基金投资组合要分散

基民应选择那些具有足够分散度的投资组合的投资基金，因为相对于较专业化的基金而言，这类基金能有效地分散风险，保持投资收益的稳定增长。另一方面，如果有足够的资金，在实际投资中，基民也可以选择多个投资基金，建立自己的基金投资组合，以降低投资中的市场风险。投资者在确定自己的基金投资组合时也要注意分散风险，要注意选择不同类型的基金，而不是简单地选择几个同种的基金组合在一起，这样并不能起到分散风险的目的，反而会增加风险。

适合自己的基金种类

选择适合自己的基金种类很重要。在证券市场中可供选择的基金有成百上千种，对于一个投资者来说如何选择一个适合自己投资的基金是一个很难解决的问题，似乎很多基金都可以投资，都有获取收益的可能，但却很难选出一种来，就像狗咬刺猬无处下嘴。不同种类的基金有着不同的特点，适合于不同的投资者进行投资，投资者应该选择出一种适合自己投资的基金。

按照不同的标准，基金可以分为不同的种类，其中最常用的分类方法就是按照是否可赎回，将基金分为封闭式基金和开放式基金。封闭式基金的周期较长，一般要三年以后才可以赎回，所以适合于长期投资，如果投资者有足够的闲置资金可以选择封闭式基金。开放式基金可以随时赎回，投资者可以灵活选择。开放式基金又分为股票型、债券型、货币型、保本型、配置型，它们的投资对象不一样，因而投资的风险和回报也不同。投资者在选择时要看哪一类更适合自己的投资方向，能达到自己期望的目的。如股票型的基金风险较高，但是其回报也可能较高，投资者能够承担较高的风险，投资股票型基金可能带来更高的收益。

选择适合投资者自己的基金，重要的是对自身的状况有清醒的认识，要会分析自身的风险承受能力、投资偏好类型、个人资金量以及未来几年的生活规划。“知己知彼”后，才能“因人而异”地挑选最能满足个人需求的基金产品。如投资者预期未来几年内将有较大的投资或生活计划，如买房、买车或创业等，所以不希望因投资的风险与收益影响到其近期的生活目标，他们往往既希望保证资金安全，又希望有超越储蓄的收益。这些投资者就适合选择风险较低的基金，因此，货币市场基金及债券基金都是一个不错的选择。

对于普通中等家庭、收入稳定的投资者来说，目前生活没有压力，风险承受能力中等，其投资目的主要是寻求资本长期增值和兼顾当期收入，为未来生活积累保障资金，如保险基金和养老基金。像股票型基金等高风险的基金可能并不是最好的选择，因为它虽然有利于增加收入但是风险太大，万一选择失误容易对家庭产生持续的影响。平衡型基金或混合型基金则是合适的选择，平衡型基金同时投资于股票和债券，结合前者的高收益和后者的低风险，“进可攻、退可守”，在有效降低投资风险的同时可以获取稳健的回报。

在做出是否选购某一基金之前，投资者至少应该了解这只基金的具体成分、费用、收益情况以及它的投资风格。只是泛泛地了解基金所属的资产门类并不足以帮助投资者做出正确的决定，投资者还需要投入更多的时间和精力来研究基金的详细情况。投资者可以通过仔细阅读基金契约、招募说明书或公开说明书等文件，并从报纸、销售网点公告或管理网站等正规途径，了解基金的相关信息，以便真实、全面地了解基金和基金管理公司的收益、风险、以往业绩等情况。投资者还要判断一下自己对风险的承受能力。如果投资者厌恶风险，就要考虑投资低风险的保本型基金以及货币市场型基金，如若风险承受能力很强，则可以投资指数型基金、股票型基金。但仅仅知道基金投资的是大型股票还是小型股票，是美国股票还是海外股票显然是远远不够的，还应该知道它是属于成长型基金、价值型基金，或是均衡型基金中的哪一种，以及它究竟是怎样贯彻自己的投资策略的。

目前，大多数基金都设有可观的门槛，也有很多基金可以降低乃至放弃这个门槛，以吸引那些小额度的定期定额投资者。投资者的资金能力必须超过基金的最低投资限制才可能投资，而去研究自己无法投资的基金也是没有任何意义的。如果投资者只有1000元资金，而打算投资的基金门槛却高达2万元，那么花费大量时间来研究这只基金显然是没有意义的。

综上所述，对基金投资者而言，没有最好的基金，只有最适合的基金，投资者应根据自身的财力状况、风险承受能力、投资目标等，选择最适合自己的基金产品。

根据一般的投资建议，如果能忍受较高风险的投资者，可以采用积极的投资组合，在组合中可以以较高的比例投资在风险偏高的资产上，如偏股型基金。风险承受程度低的投资人，则应在年终奖的投资组合中加重风险较低、较稳健的资产比例，如债券、定存或是货币型、债券型基金。

事实上，基金是通过集合小额资金共同投资的一种投资工具，有别于直接投资股票和债券等投资标的。基金是通过间接的方式来投资，只是投资方式与渠道不同，其实都直接或间接地参与了标的的投资，且有效地分散了风险。因此，若资产配置中已经有相当多同种类型的投资品种，例如股票，则建议可以增加稳健型的产品投资，如债券，以降低股票基金的投资比例。当然，也可以转移部分股票资金至开放式基金。

专家们对投资者利用年终奖进行投资的建议是，在投资时要注意个人投资品种的分配，包括基金和非基金品种，也包括基金中的品种分配，以求获得最适合自己及家庭的金融资产配置，使自己的年终奖能给自己带来最大的收益和快乐。

基金新闻的选择

到哪里寻找有用信息并过滤真实信息？这是信息时代必修课。作为专业的基金投资者，除了关注基金的净值波动以及定期披露的季度和年度财务报告之外，还应当注意日常生活中有关基金的各种新闻报道，及时了解基金市场动态，以便辅助决策。

一般来说，财经媒体关于基金的新闻报道和分析大致包括以下几个方面：基金重大信息披露公告、基金管理公司高管或投研团队的访谈、基金投资行为的研究、基金疑似违规行为的曝光等。

《证券投资基金信息披露管理办法》规定，基金信息披露义务人应当在中国证监会规定时间内，将应予披露的基金信息通过中国证监会指定的全国性报刊和基金管理人、基金托管人的网站等媒介进行披露，并保证投资者能够按照基金合同约定的时间和方式查阅或者复制公开披露的信息资料。

相关规定要求，基金发生重大事项时，有关信息披露义务人应当在两日内编制临时报告书，予以公告。所谓的“重大事项”，共有 28 项内容：

（1）基金份额持有人大会的召开；

（2）提前终止基金合同；

（3）基金扩募；

（4）延长基金合同期限；

（5）转换基金运作方式；

（6）更换基金管理人、基金托管人；

（7）基金管理人、基金托管人的法定名称、住所发生变更；

（8）基金管理人股东及其出资比例发生变更；

（9）基金募集期延长；

（10）基金管理人的董事长、总经理及其他高级管理人员、基金经理和基金托管人或基金托管部门负责人发生变动；

（11）基金管理人的董事在一年内变更超过 50%；

（12）基金管理人、基金托管人或基金托管部门的主要业务人员在一年内变动超过 30%；

（13）涉及基金管理人、基金财产、基金托管业务的诉讼；

（14）基金管理人、基金托管人受到监管部门的调查；

（15）基金管理人及其董事、总经理及其他高级管理人员、基金经理受到严重行政处罚，基金托管人及其基金托管部门负责人受到严重行政处罚；

（16）重大关联交易事项；

（17）基金收益分配事项；

（18）管理费、托管费等费用计提标准、计提方式和费率发生变更；

（19）基金份额净值计价错误达基金份额净值的 0.5%；

（20）基金改聘会计师事务所；

（21）变更基金份额发售机构；

（22）基金更换注册登记机构；

（23）开放式基金开始办理申购、赎回；

（24）开放式基金申购、赎回费率及其收费方式发生变更；

（25）开放式基金发生巨额赎回并延期支付；

（26）开放式基金连续发生巨额赎回并暂停接受赎回申请；

（27）开放式基金暂停接受申购、赎回申请后重新接受申购、赎回；

（28）中国证监会规定的其他事项。

上述重要事项，都会在三大证券报和基金管理公司的网站中进行及时的披露，投资者应该给予足够的关注。

基金的投资技巧

投资基金与投资股票有所不同，投资基金不能像炒股票那样天天关心基金的净值是多少，最忌讳以“追涨杀跌”的短线炒作方式频繁买进卖出，而应采取长期的投资策略（货币市场基金除外）。

以下一些成功经验可供投资者参考：

一、寻找买卖基金的时机

应该通过认真分析证券市场波动、经济周期的发展和国家宏观政策，从中寻找买卖基金的时机。一般应在股市或经济处于波动周期的底部时买进，而在高峰时卖出。在经济增速下调落底时，可适当提高债券基金的投资比重，及时购买新基金。如果经济增速开始上调，则应加重偏股型基金的比重，以及关注已面市的老基金。这是因为老基金已完成建仓，建仓成本也会较低。

二、选择购买基金的方式

开放式基金可以在发行期内认购，也可以在发行后申购，只是申购的费用略高于认购时的费用。申购形式有多种，除了一次性申购之外，还有另外三种形式可供选择：

一是可以采用“金字塔申购法”。投资者如果认为时机成熟，打算买进某一基金，可以先用1/2的资金进行申购，如果买入后该基金不涨反跌，则不宜追加投资，而是等该基金净值出现上升时，再在某价位买进1/3的基金，如此这样在上涨中不断追加买入，直到在某一价位“建仓”完毕。这就像一个“金字塔”，低价时买得多，高价时买得少，综合购买成本较低，赢利能力自然也就较强。

二是可采用“成本平均法”，即每隔相同的一段时间，以固定的资金投资于相同的基金。这样可以积少成多，让小钱积累成一笔不小的财富。这种投资方式操作起来也不复杂，只需要与销售基金的银行签订一份“定时定额扣款委托书”，约定每月的申购金额，银行就会定期自动扣款买入基金。

三是可以采取“价值平均法”，即在市价过低的时候，增加投资的数量；反之，在价格较高时，则减少投资，甚至可以出售一部分基金。

三、尽量选择后端收费方式

基金管理公司在发行和赎回基金时均要向投资者收取一定的费用，其收费模式主要有前端收费和后端收费两种。前端收费是在购买时收取费用，后端收费则是赎回时收取费用。在后端收费模式下，持有基金的年限越长，收费率就越低，一般是按每年20%的速度递减，直至为零。所以，当投资者准备长期持有该基金时，选择后端收费方式有利于降低投资成本。

四、尽量选择伞形基金

伞形基金也称系列基金，即一家基金管理公司旗下有若干个不同类型的子基金。对于投资者而言，投资伞形基金主要有以下优势：一是收取的管理费用较低，二是投资者在伞形基金下的各个子基金间转换方便。

新基民购买基金的注意点

新基民没有较多的财富积累，因此在投资方面，安全是其考虑的首要因素，此外，方便也是考虑的重点，然后才是收益。综合比较下，货币市场基金应该是新基民的投资首选。

货币市场基金，除了本金安全外，每月还能获得相对稳定的收益，虽然每月有多有少，可总归比活期高，更能与一年期定期储蓄收益率相媲美；同时，兑取方便、快捷，只需提前两个工作日赎回，方便进行资金安排。对于正处于财富积累阶段的年轻人来说，适合投资货币市场基金，既能有效控制和分散投资风险，又能提高短期闲置资金的收益，可谓一举两得。

投资者要根据自己的实际情况，选择适合自己所需要的基金品种。首先，要仔细阅读基金契约、招募说明书或公开说明书等文件，并从报纸、销售网点公告或管理网站等正规途径，了解基金的相关信息，以便真实、全面地了解基金和基金管理公司的收益、风险，以及以往业绩等情况。

投资者还要判断一下自己的风险承受能力。如果投资者厌恶风险，就要考虑投资低风险的保本基金以及货币市场基金；如若风险承受能力很强，则可以投资指数型基金或股票型基金。

其次，投资者还要考虑到手中的资金能否进行长期投资，如果不能进行长期投资，就要选择变现能力好的货币市场基金。

最后，看好了再买。下面是几种基金的特点介绍。

指数与股票型基金：风险较高、收益较好。它是选取某个指数作为模仿对象，按照该指数构成的标准，购买其全部或部分样本股票（债券），以期获得与该指数相同收益水平的基金。

偏股型基金，则是以股票作为主要投资对象的基金。据有关专家预测，今年股市无论从宏观政策方面，还是从资金供给方面，都要好于往年，而“负利率”时代的来临，又有利于更多的资金涌向股市，这样就给偏股型基金带来了良好的发展机遇。

货币市场基金：储蓄的替代品。货币市场基金具有流动性好、风险低的特点，具有银行存款无法比拟的优越性。它的诞生，为中小投资者提供了原先只有机构投资者才能进入的市场。在保证流动性和低风险的情况下，货币市场基金的年收益率一般在2%左右，大大高于银行的活期存款利息收入。另外，货币市场基金的赎回和变现也非常方便，投资者当天提出赎回申请，资金在T+2上午九点半前就可以到账。此外，由于货币基金不收取认购费、申购费和赎回费，并且始终能够提供高于银行利率的预期收益，所以，它的出现成了去年股市中的一道亮丽的风景线。但是，货币市场基金并非没有风险。比如，央行的利率调整、市场的利率波动，以及货币市场不够发达而导致的流动性风险等都会给投资者带来意想不到的损失。

巧打选购基金的时间差

相对于购买股票来说，投资者购买基金可以省去较多的资产配置时间，通过专家理财来实现既得利益。但省却一些时间并不是不需要花费时间，而是更巧妙地利用好时间，打好几个时间差，用最小的投入获得最大收益。

一、巧打认购期和申购期时间差

开放式基金的认购期一般为一个月，而建仓期却需要三个月。从购买到赎回，投资者需要面临一个时间跨度，这为投资者选择申购和赎回的时点进行套利创造了时间差。因此，对于偏好风险的投资者来说，只要掌握了股票型基金的建仓特点，就能获取不菲的基金建仓期收益。

二、巧打前端和后端收费时间差

为了鼓励基金持有人持有基金时间更长，同时增强基金持有人的忠诚度，各家基金管理公司在基金的后端收费上设置了一定的灵活费率。即随着基金持有人持有基金时间越长而呈现后端收费的递减趋势。因此，对于投资者来说，选择更长的持有时间也就意味着可以拥有更低的费率，付出了较少的投资成本，从而获得更大的收益。尤其是对于资金量小，无法享受认购期大额资金费率优惠的投资者来说，不妨选择后端收费的交纳方式，做一次长期投资。

三、巧打价格与净值变动的时间差

对于封闭式基金而言，交易价格和净值波动价格是随时变动的，而且交易价格的变动和净值的变动没有一定的波动规律。但交易价格与基金净值之间却存在一定的联动关系，即封闭式基金的交易价格与净值之间的价差越大时，其折价率就越高，这就为在交易价格和净值之间进行套利的投资者提供了时间差，抓住其间差价最大的时机进行投资就能获得较好的收益。

四、巧打场内与场外转换的时间差

在基金的投资品种中，LOF基金、ETF基金是既可以进行场内的正常交易买卖，还可以进行场外的申购、赎回，所以存在多种套利机会。如果投资者选择投资这两种基金，能够把握市场的变化，在适当的时机选择在场内进行交易买卖或者退出场外进行申购和赎回，则可以更大程度上规避市场风险，争取更好的收益。

总之，投资者只要善于把握不同基金产品的特点，捕捉基金产品投资中的机会，就能通过巧打时间差得到获利机会。

网上基金的购买和交易

在过去，认购、申购开放式基金只能到证券公司或银行网点才能办理，而现在工行、招行等金融机构都推出了“网上基金”业务，因为通过网上交易节省了人力费用，所以银行对网上基金交易都有一定的优惠政策。

在网点开立基金账户一般要缴纳一定的开户手续费，而在网上自助开立基金账户则是免费的；网上认购、申购开放式基金可以享受一定的手续费折扣，比如，通过某银行“银基通”购买开放式基金，申购费最多可以打4折。基金网上交易为基金公司开展面向个人投资者的直销业务提供了可能，弥补了传统直销的缺陷，也降低了基金公司和投资者的成本。最关键的是，网上购买基金可以节省大量的时间，对于现代人来说，节省时间就等于创造财富。

基金公司无网点优势，无市场积累，靠的就是整合资源，与其他金融机构共同合作，发挥整合资源的优势。网上交易所特有的方便快捷的服务特性让投资者通过电子化手段，在短时间内就可以实现网上开户、转账、申购、赎回等一系列基金投资操作，辅以基金公司网站详细的基金资讯和及时的在线咨询服务，使投资基金更加直观和便捷。

与传统的基金购买方式相比，基金网上交易具有五大优势。一是一站式。投资者只需去银行网点办理相应的银行卡，然后就可在网上在线申请基金账户，账户即开即得。二是全天候。网上每天 24 小时接受委托，交易随时随地进行，投资者可以购买基金公司旗下所有类型的基金。三是低费率。网上交易一般可以享受一定的费率优惠，同样的资金可以申购更多的基金份额。四是高安全。银行卡与基金账户互相绑定，交易及资金的安全性有保障。五是功能全。除申购、赎回、查询等功能外，投资者还可使用基金转换等增值功能，且赎回资金到账时间更快。

网络作为新的交易形式越来越受到基民的欢迎，因为网上的直销手续费要便宜得多，而且比跑银行、跑证券公司要方便得多，但是网银也有它的最大的弱点——缺乏可靠性，一旦发生大量的赎回，就会导致交易系统的繁忙甚至瘫痪，许多基民都是有过这样的教训的。因此，对于新基民来说，还是要选择比较可靠的银行系统和证券系统，网上交易要慎用。

由于网络营销仍处于发展阶段，相对于代销机构的柜面营销，仍存在一定的购买风险。

首先是挑选基金的风险。通过电子化手段购买基金产品，除非具备在线服务，否则投资者只能通过上网自行阅读和了解基金产品特点，并进行自我消化，这显然没有柜面业务办理得直观、全面、详细。对于网络病毒的影响和黑客的侵袭，代销机构因创建有统一的柜面系统，特别是“上证基金通”业务，使基金业务的办理更加直观、高效、快捷，这比单个投资者进行网络操作具有不可替代的优势，适合于所有投资者采用。而利用电子化手段购买基金，因投资者极为分散，很难达到集中服务，而且由于结算渠道不畅通，更没有统一的结算平台，致使基金网上业务遭遇瓶颈。因此，网上基金业务也受到一定的限制。

个人投资习惯和偏好也存在风险。运用电子化手段进行基金业务的办理，需要投资者养成良好的投资习惯，特别要具有一定的应对黑客侵袭的具体措施。除进行电子化交易留痕外，有条件的可打印委托记录，并及时向基金管理公司索要交割清单作为记录，尤其是对诸如清密等，要做到心中有数。

另外，电子化配套服务的风险。尽管电子化交易为投资者提供了极大的交易便利，但因基金产品配置品种的差异化，还需要投资者在购买基金产品时不断关注证券市场行情。

还有就是服务缺失的风险。运用电子化方式购买基金，虽然为投资者购买基金产品提供了极大的便利，但因为基金管理公司采取的是直销模式，只能通过在线和短信进行间接服务，而不能提供像代销机构一样的面对面服务，从而使基金服务质量难以得到应有的保障。

投资者只要了解了网上基金购买与交易的风险所在，就可以在购买基金产品时回避电子化带来的风险。那么，怎样在网上进行基金交易呢?

目前，通过网络买卖基金主要有三种途径：基金公司网上交易系统、银行网上交易系统、证券公司网上交易系统。投资者应了解这三种方式的特点和差别，以选择适合自己的方式。

一是通过基金公司网上交易系统买卖基金时，投资者需要备有银行卡账户和基金账户，并登录基金公司网站，在浏览器中打开“网上交易”页面，申请开通网上交易。在获得相应账号后即可登录并进行基金的查询、申购、赎回等操作。这种方式属于基金公司的“直销”，在申购费率上通常有优惠，甚至申购费率为零，而且交易时间没有限制，可以 24 小时下单。但投资者需要先签订《委托服务协议》，而且只能购买该基金公司旗下的开放式基金产品。

二是通过银行的网上基金交易系统购买基金时，投资者同样需要备有银行卡账户和基金账户，并且该银行卡已经开通了网上银行服务。在登录银行网站后，点击个人网上银行，并找到网上基金栏目，就可以进行基金的买卖了。一般来说，银行可以代理开立基金账户，但通过某家银行的网上交易系统只能买到该银行代销的基金。

三是通过证券公司网络交易系统买卖基金时，投资者首先要通过证券公司柜台办理开户手续，然后登录证券公司网站下载交易软件，用资金账户和密码登录后即可进行操作。在证券公司开设的账户不仅可以购买开放式基金，也可以购买在证券交易所挂牌的封闭式基金。不过，要注意的是，这种方式只能购买该证券公司代销的开放式基金，而且投资者只能在交易所的交易时间里进行操作。

在震荡市中基金的选购

当指数大幅波动成为常态，赚钱变得越来越困难，基于对大势的选择基金产品的重要性将会逐渐体现出来。我们可以回顾股市震荡时的行情调整，净值跌幅靠前的一般有三类基金：一类是指数型基金，第二类是部分新基金，第三类则是那些操作风格比较激进的股票型基金。

以上三类基金大跌的原因分别是：第一种是因为其执行的是被动跟踪股指的投资模式，所以随指数下跌不足为奇；第二种是因为新基金入市比较晚，建仓的仓位相对比较高；第三种是其操作方式过于激进忽视了风险控制。

那么，究竟什么样的基金产品才能在短期震荡调整中站稳脚跟呢？

投资专家指出，首先要选择符合当前市场特点的基金。以2007年的市场行情为例，虽然市场短期震荡不前，但是从长期来看，仍旧维持着牛市格局。由于指数震荡较强，投资主题多元化，投资者可以避开指数型基金，选择主动偏股型基金来分享牛市的超额收益。

其次是要选择业绩优秀、稳定增长的老基金。专家指出，在震荡市中不能仅仅关注基金的净值增长排名，还要注重“风险调整后收益”这一指标。其中有一个比较好的方法，就是通过权威的基金评估机构的评估报告进行比较。个人投资者在浏览基金业绩排名榜的时候，一般总是关注基金最近业绩表现的排名。其实在排行榜里还有两个很重要的数据——“最近一年风险评价”和“夏普比率”（即风险调整后收益指标）。如果一只基金的风险评价为“低”，夏普比率为“高”，那么就说明这只基金在获得高收益的同时只承担了较低的风险，基金的业绩表现更稳定。

最后是要选择那些经营稳健、注重风险控制的大品牌公司的基金。面对震荡调整，基金公司的操作风格将直接影响到投资者的最终收益。投资者此时应保持理性投资，一方面要跟随牛市获得高收益，另一方面也要精挑细选那些有品牌保障、风格一贯稳健的大公司，将投资风险控制到最小。

在震荡市中，投资者要避免走入净值选择的误区。2006年至2007年，我国股市大盘持续走高，基金净值不断攀升，财富效应吸引了大量新的投资者加入了基民的行列。一个很普遍的现象是，很多投资者认为高净值基金“贵”，上涨空间小，容易“跌”，偏好买便宜的基金，甚至有些投资者非1元基金不买。基金净值确实是投资者选择基金时需要参考的一个重要因素，因为它直接决定了单位投资成本的高低。但是，对于基金投资来说，投资基金的回报来自于持有期该基金的增长率，与购买时的单位净值并没有直接关系，所以不能片面地以基金净值来决定投资种类。

因此，投资者在选择基金的时候，应更多地关注基金管理人投资管理的能力如何，而不是仅仅盯着单位净值水平的高低。这是因为，基金管理人作为专业的投资管理人，会根据宏观经济形势变化、行业景气度变化和公司经营情况变化，对组合中的个股进行动态调整，将组合中价值被高估的股票抛出，并买入价值被低估的股票。基金管理人的投资管理能力越强，就能越好地对基金投资组合进行优化，从而实现良好的净值增长。单位净值在1元左右的基金，如果基金管理人的投资管理能力很弱，它的净值增长率不见得会好；而单位净值高的基金，如果其投资管理能力很强，净值增长率仍旧可能实现较好的增长。

当然，具体应该选择净值高的基金还是净值低的基金不能一概而论，低净值基金往往是新发的基金，操作能力如何，很多时候不能进行直接判断；而高净值基金往往已经经过了一段时间的运作，其过往的业绩表现一定程度上可以说明基金管理人的投资管理能力，因为净值能够做到持续增长的，往往是选股能力强、持仓结构合理的基金。

此外，在市场的上升阶段，由于净值较高的老基金已经完成了建仓，可以更好地分享市场上涨带来的回报；而当市场出现下跌时，新的基金由于建仓尚未完成或仓位较低，相对而言可以较好地避开市场下跌的风险。

股票型基金的选购

股票型基金是以股票为投资对象的投资基金，是投资基金的主要种类。股票型基金的主要功能是将投资者的小额投资集中为大额资金，它主要投资于不同的股票组合，是股票市场的主要机构投资者。

一、股票型基金的特点及选投理念

与其他基金相比较，股票型基金具有以下特点：

一是股票型基金的投资对象具有多样性，投资目的也具有多样性。

二是与投资者直接投资于股票市场相比，股票基金具有分散风险、费用较低等特点。对一般投资者而言，个人资本毕竟是有限的，难以通过分散投资种类而降低投资风险。但若投资于股票型基金，投资者不仅可以分享各类股票的收益，而且可以通过投资于股票型基金而将风险分散于各类股票上，大大降低了投资风险。此外，投资者投资了股票基金，还可以享受基金大额投资在投资成本上的相对优势，从而降低投资成本，获得规模效益。

三是从资产的流动性来看，股票型基金具有流动性强、变现能力高的特点。股票型基金的投资对象是流动性极好的股票，基金资产质量高且容易变现。

四是对投资者来说，股票基金经营稳定、收益可观。一般来说，股票型基金的风险比股票投资的风险低，因而收益较稳定。不仅如此，封闭式股票型基金上市后，投资者还可以通过在交易所交易获得买卖差价。基金期满后，投资者享有分配剩余资产的权利。

五是股票型基金还具有在国际市场上融资的功能和特点。就股票市场而言，其资本的国际化程度较外汇市场和债券市场为低。一般来说，各国的股票基本上在本国市场上交易，股票投资者也只能投资于本国上市的股票或在当地上市的少数外国公司的股票。在国外，股票型基金则突破了这一限制，投资者可以通过购买股票型基金，投资于其他国家或地区的股票市场，从而对证券市场的国际化具有积极的推动作用。从海外股票市场的现状来看，股票型基金的投资对象有很大一部分是外国公司股票。

选股票型基金首先是看自己的投资理念，能承受多高的风险，是长线投资还是短线，有没有随时使用这部分资金的可能，这也是经常提到的那句话，“没有最好的基金，只有最合适的基金产品”。就好比我们坐公车，也要先确定目的地然后才能看坐哪条公车路线最省时省钱。就中长期而言，中国经济持续稳定增长的趋势不会发生改变，所以基金专家对A股市场中长期的走势仍然保持乐观。如果投资者认同这一对未来市场判断的观点，同时又可以承受一定的投资风险，旨在中长期的投资回报，投资者可以选择购买或继续持有股票型基金。

再就是看基金公司，包括看其整体业绩是否良好；基金公司旗下的基金品种是否齐全（抗风险能力强）；基金公司是合资还是本地的，投资研究技术和风险控制技术水平如何，基金经理是什么人。投资者应该从一些中立的研究机构或投资顾问处了解各家基金公司的人员结构、企业运行模式及企业文化，从而加以选择。

二、股票型基金的投资策略

投资者购买了一只股票型基金，那么就意味着成为该基金所投资的上市公司的股东。通过股票型基金成为上市公司的股东后，可能获得两方面的利润：一是股票价格上涨带来的收益，即通常所说的“资本利得”；二是上市公司以“股利”形式分给股东的利润，即通常所说的“分红”。

策略之一：明确投资目的，充分认识风险。

不同的投资目的会带来截然不同的投资组合，常见的投资目的有：养老储备，子女教育储备；退休医疗保健；购买房屋等耐用消费品。设定投资目标后要计算期望的总投资回报值，用金融学术语讲叫做“估算投资负债”。

如果投资者希望每年能获得15%以上的收益，那么相比较其他基金，股票型基金无疑是投资者可以考虑的对象。但同时也要清晰地认识到，股票型基金是高风险、高收益的基金品种，适合投资期限较长、风险承受能力较强的投资者。所以，要先了解自己的风险承受能力，比如问问自己准备投资的金额，如果一年内亏了15%是否会夜不能寐？投资者是否会因为短期内回报的波动而寝食难安？

事实上，经过前几年股市下跌的洗礼，许多投资者已逐渐从最初的狂热到关注风险和思考自身的风险承受能力。对于那些年纪较大、风险承受能力较差的投资人来说则更需要谨慎。

相对于配置型和债券型基金来说，股票型基金的波动最大，适合投资期限较长的投资者。基金回报有波动，只有投资期限较长，在回报下跌时投资人才有时间等待基金回报的上升，从而避免因为要套现而出现亏损。

如果投资者的投资期限较短或者已接近投资目标的实现时间，当股票暴跌的时候，就没有太多时间等待回报的回升，因此投资者应当更多地投资于较保守的债券型基金甚至货币市场基金，以确保有所得。而短期内有流动性需求的投资者，则应考虑的是货币市场基金这样的现金管理工具。

策略之二：能否避免承受中短期内净值的波动。

股票型基金虽然在短期“对价”行情中落后于市场，但其长期表现看好，投资者不应进行频繁调整，以免交易成本上升后净值表现落后于大盘。股市的大涨大跌，自然也会给股票型基金带来不小的风险，主要表现在：虽然从长时间来看投资股票型基金亏损的概率几乎为零，但对一些中短期投资资金来说，亏损的风险仍不小。所以，投资者在选择股票基金时，首先要问问自己：能否避免承受中短期内净值的波动？

选择股票型基金，从股票型基金的投资策略开始，因为这代表了基金经理选股的根本原则。从投资策略角度，股票基金可以细分为价值型、成长型和平衡型，以下做具体说明。

一是价值型。在三类基金中，价值型基金的风险最小，但收益也最低，适合想分享股票型基金收益，但倾向于承担较小风险的投资者。通常来说，价值型基金采取的投资策略是低买高卖，重点关注股票型目前价格是否合理。因此，价值型投资的第一步就是寻找价格低廉的股票。价值型基金多投资于公用事业、金融、工业原材料等较稳定的行业，而较少投资于市盈率倍数较高的股票，如网络科技、生物制药类的公司。

二是成长型。成长型基金适合愿意承担较大风险的投资者，因为这一类基金的风险最高，不过，其赚取高收益的成长空间相对也较大。成长型基金在选择股票的时候对股票的价格考虑得较少，多投资于产业处于成长期的公司，在具体选股时，更青睐于投资具有成长潜力如网络科技、生物制药和新能源材料类的上市公司。

三是平衡型。平衡型基金则是处于价值型和成长型之间的基金，在投资策略上一部分投资于股价被低估的股票，一部分投资于处于成长型行业上市公司的股票。因此，在三类基金中，平衡型基金的风险和收益介于上述两者之间，适合大多数投资者。

要提醒投资者的是，对于大额的投资于股票型基金的决定，应该避免在市场过度炒作时作出决策。

策略之三：应对股票型基金高台跳水的招数。

在股市出现了较大调整，股票型基金开始高台跳水、净值不断缩水的情况下，投资者又该如何进行应对呢？

一是将一部分收益现金化，落袋为安。每逢基金市场发生大的波动，各种股票型基金的业绩开始分化，一些品种如分红型基金，达到一定条件就分红，能够有效地锁定投资收益，制度性地减少未来可能存在的下跌风险。对投资者来说，将一部分收益现金化，实现“落袋为安”，减少了因为股市下跌带来的净值损失。

提醒投资者注意，在行情不稳的时候，为了锁定收益，如果原来选择红利再投资的，不妨暂时改为现金红利，否则就实现不了避险的目的。

二是抛售老的基金锁定收益，同时购买新发行的基金。当股市进入暂时盘整期，但是长期走牛的格局没有改变的情况下，如果有投资需求，并且看好未来股市的话，可以选择抛售老的基金锁定利润，同时投资新发行的基金。在股票明显升值期间，应该购买已经运作时间长的老基金，因为老基金仓位重，可以快速分享牛市收益。而在股市盘整期，则应该购买新发行的基金。新基金一般有一个月的发行期，然后是至少3个月的封闭期（建仓时期），从发行到运作需要的时间，刚好可避过股市盘整，而正好在股价继续上扬的情况下开始运作。

策略之四：设定备选基金池，对基金表现进行定期评估。

同样运用“20/80”法则，建议选择不超过4只股票基金进行考察。如何选择呢，建议参考如下指标：基金投资业绩，基金累计净值波动性，基金累计净值相对上证指数的走势，基金的资产组合评估，基金的费用和收益配比。

与单纯投资股票相比较，基金投资这种专业的理财方式分散了一定的风险。每季度对基金表现进行定期评估，如果连续3个季度其表现劣于投资者设定的基准，就要考虑退出这种基金的投资。你不妨仔细研究基金的投资策略、投资风格、行业分布等特征，选择可以互补的基金，构建相对分散的基金组合。

策略之五：选择投资方法。

常见的方法有两种，一种是一次性买入，另一种是每月买。举例来说，投资者购买了银河银泰理财分红基金，买入时为1元，不考虑认购费，当前该基金净值为0.8918，亏损为11%。如果采用定期定额，每月初买入，则当前的成本为0.9399，亏损5%，如果大盘反弹，基金净值回升到0.93，则在一次性买入的方式下，仍亏损7%，而在定期定额的方式下，此时成本为0.9254，还赢利0.46%。

如果在赶上了牛市的情况下，定期定额的收益是一次性买入收益的50%，但如果股市有85%的时间在熊市，15%的时间在牛市，定期定额获得的收益是一次性买入收益的50%的情形只有15%的几率，但却有85%的几率获得正收益，投资者愿意用哪种方式呢？对于已经设立具有一定业绩历史的老基金，可以从回报、风险、投资组合、管理团队和费用五个方面来进行考察。

需要注意的是，对于投资期限较长的投资者，选择股票型基金时，不妨更多地关注基金中长期业绩，而避免短视。基金回报受到其投资组合的风格和行业分布等因素的影响，如果其投资风格和行业分布正好与市场上升行情一致，则基金短期内的回报也会随之攀升。而不同的时期，市场热点也不同。从过去几年的历史看，国内股市存在着明显的板块轮动现象，即所谓的“十年河东，十年河西”。因此，投资者不妨关注具有业绩稳定性的基金，虽然其不像有些波动性大的基金在短期内表现亮丽、容易吸引市场的关注，但却是比较可靠的选择。

三、投资股票基金应遵循的三个原则

一是波段性原则。基金的净值会随着大盘行情的走势而波动。

二是操作分批原则。在对股票基金进行申购和赎回的时候是很难以最高和最低点参与的，只能在相对的高点和低点介入，因此建议分批参与，这样就可以保障在相对的高低位置上获利。

三是注意控制节奏。不宜在买入或者卖出后就立即进行下一次的操作，一般每个波动段都有两个到三个月的间隙，在买入后至少要等待一个月

以上，而卖出后则在两个月以后再考虑买入，所以操作时不能以股票的方式进行买卖。

此外，建议对于股票型基金以及货币基金最好买入同一基金公司旗下的品种，这样在卖出股票型基金的时候可以直接转换为货币基金，不仅降低费用，还可以提高投资的收益率。

参与基金的投资时，切记心态要平稳，不宜有暴富的心态，要注意休息，不能时刻考虑赢利，这样才能保障资金在安全的基础上获得理想的回报。

四、股票投资者巧买货币基金的新法

一是巧用结余资金购买货币市场基金。对于一般的投资者来讲，在其资金账户内或多或少会闲置一些结余资金。结余资金存在的原因包括：证券市场近期平稳，频繁买卖不合算；刚转入待买股票的资金和刚卖出待转出的资金；正常交易后的剩余的零星资金；结余资金处于待用状态，但停留时间长短不一。这时的资金，如果不加以统筹安排和规划，只能按照《客户交易结算资金管理办法》的有关规定，享受银行活期存款利息，实在可惜。

二是在运用闲置资金前，还应充分考虑到自身的投资偏好和股票交易状况，在了解货币市场资金的申购和赎回特点后进行资金的转换，既保证了正常股票资金的买卖，又达到了管理闲置资金的目的。当然，有一种情况是例外，那就是第一天买、第二天卖的超短线博弈者，但相信这样的客户还是少数。

在充满较大风险的证券市场上，无论是股票上涨或是下跌，都需要投资者持有一段时间股票，因为这会为购买货币市场基金巧理财创造良好的条件。另外，对于准备进行证券投资的股民来说，在没有对证券市场

有深入了解之前，也不妨先开设一个货币市场基金账户，尝试进行货币市场基金投资，并感受证券市场的投资氛围，待投资规则熟悉后，并具备了一定的操作思路，再选择将赎回货币市场基金转为购买股票，这不失为一种最佳的投资选择。

债券型基金的选购

债券型基金顾名思义是以债券为主要投资标的的共同基金，除了债券之外，尚可投资于金融债券、定存、短期票券等，绝大多数以开放式基金形态发行，并采取不分配收益方式，可合法避税。

在我国，债券型基金的发展处于刚刚起步阶段，大部分债券型基金属性偏向于收益型债券基金，以获取稳定的利息为主，因此，其收益普遍呈现稳定成长态势。债券型基金的投资对象主要是国债、金融型债和企业债券。目前已经设立并公布净值的债券基金仅有几家，例如华夏债券基金、招商债券基金、嘉实理财债券基金、华宝宝康债券基金、大成债券基金等。

投资债券基金时，两个基本要素是利率敏感程度与信用素质。债券价格的涨跌与利率的升降成反向关系。利率上升的时候，债券价格便下滑；债券基金的信用素质取决于其所投资债券的信用等级。

债券型基金比股票型基金会给投资者带来更稳健的回报，但是，这并不代表债券型基金是零风险的资产投资。

一些业绩表现尚佳的债券型基金，可能持有债券资产久期较长或所投资的债券信用等级较低，这都会增加债券基金的潜在风险。

久期和信用素质是投资债券基金的两个基本要素。久期越长，债券基金的资产净值对利息的变动越敏感。如果加息，其面临的风险则要大于久期短的基金。

债券基金的信用素质取决于所投资债券的信用等级。投资人至少可以通过以下两方面有所了解：基金招募说明书对所投资债券信用等级的限制和基金投资组合报告中对持有债券信用等级的描述。

此外，投资人还需要了解其所投资的可转债及其股票的比例。持有比例较多的可转债基金，可以提高收益能力，同时也放大了风险。因为可转债的价格受到股市联动的影响，收益波动要大于普通债券。尤其是集中持有大量转债的基金，其回报率受股市和可转债市场的影响可能远大于债券市场，但同时也放大了投资风险。

一般来说，债券型基金不收取认购或申购费用，赎回费率也较低。如某债券基金规定，持有期限在 30 日内，收取 0.1%的赎回费；持有期限超过 30 日，就免收赎回费。与货币基金相比，债券型基金的收益较高；与股票型基金相比，债券型基金风险很低，是居民储蓄较理想的替代理财品种。

此外，债券型基金投资还具有以下优点：一是低风险，低收益。由于债券收益稳定、风险也较小，相对于股票型基金，债券型基金风险低但回报率也不高。二是费用较低。由于债券投资管理不如股票投资管理复杂，因此债券基金的管理费也相对较低。三是收益稳定。投资于债券定期都有利息回报，到期还承诺还本付息，因此债券型基金的收益较为稳定。四是注重当期收益。债券型基金主要追求当期较为固定的收入，相对于股票型基金而言缺乏增值的潜力，较适合于不愿过多冒险、谋求当期稳定收益的投资者。

投资债券型基金同样要讲策略，以下是投资于债券型基金时所必须考虑的几个因素。

一、确定你的投资有正确的理由

如果投资者购买债券型基金的目的是为了增加组合的稳定性，或者获得比现金更高的收益，这样的策略是行得通的。如果投资者认为买债券基金是不会亏损的，那就需要再考虑一下了。

债券型基金也有风险，尤其是在升息的环境中。当利率上升的时候，债券的价格会下跌，这样投资者的债券型基金可能会出现负回报。尤其在国内，多数债券基金持有不少可转债，有的还投资少量股票，股价尤其是可转债价格的波动会加大基金回报的不确定性。当股市进入弱势调整阶段时，专家建议此时宜选择流动性好、风险低且回报率高于货币市场基金的债券型基金，以暂时回避证券市场的风险。

二、了解你的债券型基金持有些什么

为了避免投资失误,在购买前需要了解自己的债券基金都持有些什么。利率上升的时候，债券价格便下滑。要知道债券价格变化从而债券基金的资产净值对于利率变动的敏感程度如何，可以用久期作为指标来衡量。久期越长，债券基金的资产净值对利息的变动越敏感。

假若某只债券基金的久期是5年，那么如果利率下降一个百分点，则基金的资产净值约增加五个百分点；反之，如果利率上涨一个百分点，则基金的资产净值要遭受五个百分点的损失。国内的债券型基金一般只公布组合的平均剩余期限，它与久期的相关程度很高，也可通过平均剩余期限的长短来了解久期的长短。

三、了解债券型基金的信用

债券型基金的信用取决于其所投资债券的信用等级。投资人可以通过基金招募说明书了解对所投资债券信用等级有哪些限制，通过基金投资组合报告了解所持有债券的信用等级。

对于国内的组合类债券基金，投资人还需要了解其所投资的可转债以及股票的比例。基金持有比较多的可转债，可以提高收益能力，但也放大了风险。因为可转债的价格受正股联动影响，波动要大于普通债券。尤其是集中持有大量可转债的基金，其回报率受股市和可转债市场的影响可能远大于债券市场。

四、震荡市中的避险工具

投资者在选择股票型基金的时候，将承受较大的波动风险。在这种市场格局下，流动性好、风险低且回报率高于储蓄利率的债券型基金，可降低投资者的风险。目前市场中债券基金的资产中 80%以上都是由国债、金融债和高信用等级的企业债组成的，基本不存在信用风险。在控制好利率风险之后，债券基金净值下跌的风险很小，收益非常稳定。因此它是较好的替代银行存款的理财品种，迎合了我国居民理财的收益稳健和低风险的需求。

当然，债券型基金并非纯粹投资于债券，因此它并不保本，同样有亏损的风险。便是它的投资风险远远低于股票型基金。

五、选择低成本的费率

在股市震荡加剧的背景下，债券型基金低风险和收益稳定的特点开始受到理性投资者的关注，尤其是打新股的债券型基金更以其“增强收益”特征受到普遍欢迎。

为方便灵活投资的投资者，不少国内债券型基金提供多种费率模式供选择。以工银强债券基金为例，该基金推出了 A、B 两类收费模式，两类模式对应的基金代码也不一样。其主要区别是，A 类有交易手续费，收取认购、申购、赎回费用，可选择前端或后端收费模式；B类则是免收交易手续费，但需从基金资产中每日计提销售服务费（年费率为0.4%）。A类和B类仅仅是在收费方式上有所区别，在基金运作方面如投资管理上，两类基金都是合并运行、完全一致的。只不过，由于B类按日计提销售服务费，在公布基金净值时，会出现A类基金份额净值稍高于B类的情况。

对此，投资人可根据自己的不同需求来选择适合自己的费率方式，这样就能够起到降低成本、提高收益的作用。投资人在选择收费类型时可参考以下建议：

一是购买金额不大、持有时间不定（两年以内）时适宜选择B类。B类的收费模式有些类似于货币市场基金，由于买卖无须支付成本，投资期限可长、可短，金额可大、可小，进出较为灵活，方便投资者把沉淀多年的活期存款盘活，也可以找到股票型基金获利后的资金避风港。

二是100万元以下、持有时间超过两年的投资者，适宜A类的后端收费模式。因为B类需向投资者收取每年0.4%的销售服务费。如果投资者持有时间在两年以上，选择A类的后端收费模式只是一次性收取0.4%的认购费用（两年以上赎回费为零），则成本更低。

三是500万元以上的大额投资者，适宜A类的前端收费模式。对一次性购买超过500万元以上的客户，选择A类的前端收费模式仅需缴纳每笔1000元的认购及申购费，成本最低。

混合型基金的选择

混合型基金是指资产在股票和债券之间混合配置的基金。根据股票、债券的投资比例以及投资策略的不同，混合型基金又可分为偏股型基金、偏债型基金、配置型基金等多种类型。它与传统基金的区别在于，牛市时可以积极加大股票投资，熊市时可以完全放弃股票投资。换言之，它根据时机的不同，可以成为最积极的股票基金（股票投资比例可以达到净资产的80%），也可以成为最纯粹的债券基金（股票投资比例为0）。

在国外的成熟市场上，混合型基金在投资人的资产结构中占据了相当的比例。随着中国债券市场的发展和成熟，混合型基金投资在国内也逐渐出现。而债券市场吸引力的不断增强，也为混合型基金树立了良好的财富效应，促进了其快速发展。

混合型基金关于股票投资下限的规定，一般会远低于股票型基金，这样，基金经理就可以通过更为灵活的资产配置策略，主动应对股指的高波动。在股市走牛时，基金可以加大股票投资力度、降低债券配置，以获取更大的投资收益；在股市下跌中，又可以反向操作，调低股票仓位，回避风险。因此，混合型基金被认为具有“进可攻、退可守”的特性，可以根据市场趋势进行资产的灵活配置。此类基金的风险收益水平介于股票型基金和债券型基金之间。

事实上，具有“进可攻、退可守”特征的混合型基金采用积极的资产配置策略，成为新基金的“时尚”之选。像完成了“封转开”后的集中申购的华夏蓝筹核心混合型基金，其股票投资仓位设计为20%至95%，这意味着在牛市之中，该基金的最高股票仓位可达95%，与一般的股票型基金无异，可以配置较多的股票型高风险的资产，以便分享资产的有效增值；但是遇到熊市，或者在系统性风险较大的集体下挫过程中，可将大部分资产从股票转移至债券等低风险证券上，以规避市场下跌的系统风险。该基金的股票持仓最低可以减到20%，几近空仓。这给基金经理的操作带来了很大的空间。

混合型基金大类下又分为平衡型、灵活组合型、资产配置型等子类型。根据其主要投资策略，建信优化配置型基金属于灵活组合的混合型基金。这种基金的特点是要求基金管理人主动根据市场变化而改变资产在不同类型金融工具间的分配，其资产配置比例可能在不同条件下发生大幅度变动，基金持有某种类型资产的比例甚至可以在0%与100%之间摆动。

值得投资者注意的是，混合型基金由于具备投资的多样性，因此与其他类型基金并不具备可比性。衡量基金管理人运作水准高低的唯一因素是它的投资回报率。所以，混合型基金可能会采取与银行利率或与国债利息挂钩的比较基准。从这个意义上讲，混合型基金也有些类似股票或者债券信托产品了。

混合型基金在股市走牛时，可采取加大股票投资力度以获取更大的投资收益；在股市下跌中，则将采取调低股票仓位的方式应对股市下跌。因此，混合型基金尤其适合那些风险承受能力一般，但同时又希望在股市上涨中不至于踏空的投资者。

货币市场基金的选购

货币市场基金简称货币基金，是指通过某些特定发起人成立的基金管理公司通过出售基金凭证单位的形式募集资金，统一投资于那些既安全又富有流动性的货币市场工具，将这些工具形成的资产组合收益按一定的规则，在扣除一定比例的管理费用后，支付给基金凭证单位持有人，是专门以货币市场为投资组合领域和对象的共同基金投资方式，是共同基金的一种，其主要的特点是低风险，且收益稳定，是一种较好的流动性管理工具。

货币市场基金与传统的基金相比具有以下区别：

一是投资范围的区别。其他开放式基金产品以投资资本市场为主（如股票、债券），而货币市场基金则专注于货币市场（如票据）。

二是计价份额和方式的区别。货币市场基金与其他投资于股票的基金最大的不同处在于基金单位的资产净值是固定不变的，通常是每个基金单位价值1元，超过1元后的收益会按时自动转化为基金份额。拥有多少基金份额即拥有多少资产，十分简明直接。其投资的短期证券收益的稳定性，使基金经理可以经久不变地把单位净值维持在1元左右的水平，波动的只是基金支付的红利水平。而其他基金产品则是份额不变，而通过净值的变化来反映投资者的资产变化。

三是衡量基金表现好坏的标准不同。货币市场基金的衡量标准是收益率，体现在红利的多少。这与其他基金以净资产价值增值获利不同。投资该基金后，投资者可利用收益再投资，投资收益就不断累积，使投资者所拥有的基金份额不断增加。

四是流动性、资本安全性不同。货币市场是一个低风险、流动性高的市场。同时，投资者可以不受日期限制，随时可根据需要转让基金单位。

五是风险性不同。货币市场工具的到期日通常很短，货币市场基金投资组合的平均期限一般为4至6个月，因此风险较低，其价格通常只受市场利率的影响。

六是基金费率不同。货币市场基金基本不收申购费与赎回费，管理费也是所有开放式基金产品中最低的。货币市场基金的年管理费用大约为基金资产净值的0.25%至1%，比传统的基金年管理费率低1%至2.5%。

货币市场基金通常被视为一种无风险或低风险的投资工具，适合资本短期投资生息，以备不时之需，特别是在利率高、通货膨胀率高、证券流动性下降、可信度降低时，可使本金免遭损失。因此，在欧美发达国家，购买货币市场基金早已成为家庭理财习惯的一种，被普通老百姓视为银行存款的良好替代物和现金管理的工具，享有“准储蓄”的美誉。与储蓄相比，它有以下突出优点：

（1）安全性强。由于货币市场基金有特定的安全性很好的投资对象，所以保证了本金的安全。货币市场基金不承诺保本，它主要投资于货币市场金融工具如央行票据等，安全性高。根据国外货币市场基金 30 多年的运作经验和国内货币市场基金的运作结果，货币市场基金尚未有跌破面值的记录。因此，货币基金不会像股票和股票基金那样存在“亏本”的风险（也许小概率的金融风暴和政治战争风险除外，但如果发生这些小概率的风险，放银行也同样不安全）；另外，所有的开放式基金都有指定的托管银行，也就是说钱是放在银行里，基金管理公司的经理人只能进行买进卖出的操作，规避了他们挪用资金做别的事情的风险。

（2）每天计利，每月分红。货币市场基金是商业银行及其他存款机构的储蓄和活期存款的良好替代物，采取每天计利的利息计算方法，通常公布 7 天的平均年收益率来计算投资者投资期间的累计利息。采取每月分红的方式将累计利息按月打到基金投资人的账户上，使投资人的收益定期落袋为安。目前多数货币基金的年收益在 2.5%左右，高于银行 1 年期（税后 1.8%）存款利率。

（3）流动性强。货币基金买卖方便，相当于“3 天通知存款”，一般情况只要提前两天卖出，第三天就可以取到钱（若第一天用 T 表示，那么第三天即“T+2”）。而招商银行通常第二天就可以资金到账（T+1）。也就是说，比起活期存款流动性稍差，需要打个一两天的时间差；但比差不多相同收益的定期存款更加灵活，“定期的利息，活期的便利”。

（4）可享受多项税收优惠。基金存款不需缴纳利息收入所得税。因此，单从这个角度来说，个人投资者投资货币市场基金就可以获得一定的税收优惠。此外，银行间回购与交易所国债回购协议中的利息收入目前都是免税的，个人投资基金的分红收入也是免税的。

（5）免收申购、赎回费。目前，国内的货币市场基金完全免收开方式基金的申购费用和赎回费用，有效地降低了投资者的投资成本。

可见货币市场基金不逊于银行存款，也比各银行推出的理财产品的综合优势略强，投资货币基金可享受免费免税、天天复利，具有活期存款的性质和定期存款的收益，不用付出任何成本，适合所有的个人和机构投资者。

对于同质性很强的货币市场基金而言，投资者面对越来越多的同类基金应该如何选择呢？综合来说，可从以下三个角度来进行挑选。

一是看年收益率。对于大多数的个人投资者，最近 7 日年收益率是最直观反映基金业绩状况的指标。近 7 日年收益率是 7 日内收益情况的一个平均值。但这是一项短期指标，代表的只是基金过去 7 天的赢利水平，并不说明其未来收益水平。在考察该指标时，不能忽视对波动率的关注，因为这反映该基金未来收益预期是否具有稳定性。一般来说，如果该指标波动很大，投资者的实际收益率与购买时的收益率可能存在较大出入。作为长期投资者，建议关注阶段累计年收益率。这样能够通过一定的时间跨度，持续性关注基金的稳定性和收益情况。

二是看基金公告。和买股票要看上市公司财务报告等公开资料的原理一样，在选择货币市场基金时，除了查看各中介机构的收益排名等，更重要的是要关注其公开的信息资料，尤其是定期的基金公告报告。如果投资者具有基本的相关知识，应多分析定期公告报告中披露的资产配置结构、期限控制、杠杆比例的使用、未来现金流分布结构、持有人结构等多方面状况。这些信息能够反映出基金在安全性、流动性和未来收益性等方面的状况，有利于投资者判断基金的收益潜力和风险控制能力。对倾向于保守的投资者，应该选择投资操作稳健、收益比较适中的货币市场基金。

三是看基金建仓时机。目前市场上普遍认同，加息在整体上对货币市场基金的收益提升有利，对新发行的货币市场基金就更为有利了。这主要体现在建仓时机的不同。由于老基金是在加息之前建仓的，原来持有的资产由于加息会受一定的影响，如果管理人采取持有到期的策略，则影响不大，但尽管原有收益率不受影响，相对于市场其收益水平却落后了；如果管理人变现原有资产，并将其重新配置，则变现当日的净收益会下降，经过一段时间后，收益水平则超过原来。显然，持有的资产比重越大，受到的影响也越大。而新发货币市场基金，在加息后可将全部资产配置在更高的收益品种里，此时建仓轻装上阵，不存在调仓或被动等待的过程，因此加息所带来的收益提升将更为直接。

怎样购买货币市场基金呢？我们以保险性更高的银行代销买卖为例来说明货币市场基金的购买程序（银行和证券公司都可以买卖基金）。

首先是开户和申购。开户其实就是在银行开立一个某基金公司的账户，与投资者的银行资金账户连接。开户后就获得一个账号（一人只能有一个账号，与每次交易都有交易账号不同，交易账号只针对本次交易，一般不必理会）。

货币基金可以通过以下几种方式进行申购：一是到银行网点申购。不是所有的银行都有货币基金，目前有货币基金的银行有：中国银行、农业银行、工商银行、建设银行、交通银行、招商银行。上述银行的每个营业网点都有专门的营业人员负责此项业务。二是到有代销资格的券商营业部进行购买。大部分大型券商（比如海通证券、国泰君安等）都开通了货币基金申购通道，投资者可以直接到这些券商的营业部进行申购。三是直接到基金公司的直销柜台进行申购。四是部分基金公司为中国银联会员开通了网上申购服务，投资者足不出户即可申购，比如泰信、华安基金管理有限公司旗下的泰信天天收益、华安现金富利基金就开通了此功能。

第一次申购的最低金额要求为1000元或5000元，具体数额要视不同的货币基金或代销银行而定；如果是申请适合每个月把工资卡里的余钱像零存整取般转入货币基金的“定期定额”的话，可能每个月只要200元。申购时要注意，如果投资者去的是银行的小储蓄所，柜员说不知道的话，请咨询大堂经理或者换个大点的银行网点办理；必须在工作日的9时至13时即股市开市期间申购（因为货币基金也是证券市场的一种产品）；开户和申购表格与平时银行开卡表格类似，主要是一些个人资料，个人投资者不必理会与机构投资相关的信息。建议填上准确的收信地址，方便邮寄账户卡和对账单等，还可以填上常用的个人地址以及手机号，因为同一家基金公司可能有很多品种的基金，一定要明确自己所购买的货币基金的名称（每个基金都有特定的代码），不要买错了；建议每次开户或申购、赎回时都做好记录并保管好所有交易凭证以及基金公司邮寄来的对账单，方便掌握自己的资产情况，以便出问题时查询。

除了第一次申购比较麻烦要填写一些表格外，以后只要投资者的银行账户有一定数量的资金，就可以很方便地通过电话、柜台、网络等方式把这些资金申购成货币市场基金。

其次是查询。银行是把投资者存到银行卡上的钱在申购成功后转到基金公司的个人账户上，申购成功后（申购的次日或第三日），投资者的银行卡上的那笔资金就没有了，而基金账户上就有了基金份额；投资者可以通过电话或网站到该基金公司查询相应的账户基金情况（网站的初次查询密码通常是身份证的后六位，或者是你预先设定的密码，一般基金网站的页面上会有提示）。

再次是赎回。当投资者需要钱的时候，就可以申请赎回，从而把基金份额变成银行卡里的资金。赎回的份额通常是100或500的整数倍就可以；如果剩余的基金份数少于一定量（通常是500），必须一次性全部赎回（如果此时还没到利润结算日，基金公司也会把你应该得的利润全部转结给你），可以通过银行柜台、电话、网站等方式进行操作。赎回也是T+2或T+1到账，也就是一般要在1至2日之后才能拿到钱。

最后是基金转换。基金转换就是把某个基金按当时的价格转成同一个基金公司的其他基金，因为开放式基金除货币基金外其申购和赎回都有相对比较高的手续费，一进一出要损失很大比重的利润，而一般的基金公司为了把投资者的资金仍然圈在自己的基金公司内，都通过基金转换这个形式提供一定的手续费优惠。

货币市场基金以收益等于或高于一年定期储蓄，而灵活性又接近活期的独特优势吸引了广大投资者，但货币市场基金并非和储蓄一样随便一买就万事大吉了，更不是任何人、任何资金都适合买货币基金。投资者在实际操作中可以参考以下原则：

一、买旧不买新

货币市场基金和股票型基金不同，股票型基金在发行时的认购费率一般比买老基金的申购费便宜，而货币市场基金的认购、申购和赎回均没有任何手续费。所以，买新货币市场基金不占任何优势。同时，货币市场基金经过一段时间的运作，老基金的业绩已经明朗化了，而新发行的货币基金能否取得良好的业绩却需要时间来检验。另外，新货币基金一般有一定时间的封闭期，封闭期内无法赎回，灵活性自然也会受到限制。因此，购买货币基金时应当优先考虑老基金。

二、买高不买低

受运作水平等因素的影响，各货币基金的收益情况也有一定的差距，这就需要投资者对货币基金进行综合衡量。投资者可以通过晨星、和讯基金等网站查询所有货币基金的收益率排行榜，或者查询各货币基金的历史收益情况，尽量选择年收益一直排在前列的高收益货币基金。

三、就近不就远

并不是所有银行网点都能买到货币基金，因货币基金本身的收益率与银行储蓄的差距不是太大，所以购买货币基金要考虑时间成本，就近购买，也可以开通网上银行。

四、就短不就长

货币市场基金比较适合打理活期资金、短期资金或一时难以确定用途的临时资金，对于1年以上的中长期不动资金，则应选择国债、人民币理财、股票型基金、配置型基金、债券型基金等收益更高的理财产品。

五、要注意基金收益率的波动情况

一般来说，波动越大的基金说明基金买卖券种或央行票据的频率越高，货币市场基金一般会卖出获利的券种，而对亏损的券种通常采取持有到期的策略。卖出获利的券种虽然会短期内提高货币市场基金的收益，但不利于其长期收益的增长。

六、注意基金的设立时间

新基金成立后从开始投资运作、建仓完毕到组合收益达到市场平均水平，需要一个过程。如果在利率不断上升的环境下，新基金可以购买收益率较高的券种，这时的建仓损失很小，甚至可以忽略。而在一个利率不断下降的过程中，新基金只能购买收益率相对较低的券种，这时的建仓损失就要考虑在内。

七、把握买入时机，灵活转换

按照现行银行划款系统和基金的计息方式，投资者第 T 日在代销机构（银行和券商）申购货币市场基金，T+1 日确认并开始享受每日的基金投资收益。需要强调的是，这里的 T+1 都指的是交易日，因此，投资者要坚决回避在法定节假日前一天申购货币基金。此外，由于货币市场基金的申购和赎回都没有手续费，因此，投资者可以在货币市场基金之间灵活转换。

八、选择规模适中的货币市场基金

规模大的货币市场基金在投资运作时，具有节约固定交易费用、在一对一询价中要价能力强等优势，抵御赎回负面影响的能力相对较强。但规模过大可能导致基金无法买到合适的投资品种进而影响其收益水平，因此，投资者应更多地关注于规模适中、操作能力强的货币市场基金。

另外，基金组合平均剩余期限和期限结构、持券结构和回购杠杆比例等也是投资货币市场基金要考虑的重要指标。当预期未来市场利率上升时，组合平均剩余期限长、剩余期限时间长的资产跌幅更大，投资者应尽量暂时回避这种类型的货币市场基金。反之，则可以选择这种类型货币市场基金。如果利率比较平稳，在两个收益相同的货币市场基金中，应该选择平均剩余期限短、剩余期限时间短和回购比例低的基金，这类基金收益增长的潜力相对较大。

指数型基金的选购

指数基金是一种拟合目标指数，以跟踪目标指数变化为原则，实现与市场同步成长的基金品种。指数基金的投资采取拟合目标指数收益率的投资策略，分散投资于目标指数的成分股，力求股票组合的收益率拟合该目标指数所代表的资本市场平均收益率。

指数型基金有以下优点：

一是指数基金的操作简单。

二是指数基金费用低廉。这是指数基金最突出的优势。指数基金的费用主要包括管理费用、交易成本和销售费用三个方面。由于指数基金采取持有策略，不用经常换股，这些费用远远低于积极管理的基金，这个差异有时达到了1%，对基金收益会产生较大影响。

三是指数基金的业绩透明度较高。当投资人看到指数型基金跟踪的目标基准指数涨了，就会知道自己投资的指数型基金今天的净值大约能涨多少。所以很多机构投资人和一些看得清大势、看不准个股的个人投资者比较喜欢投资指数型基金，他们因此不再有“赚了指数不赚钱”的苦恼。

四是有效规避非系统性风险。与其他基金相比，指数基金的优点首先在于能够有效地规避非系统性风险。一方面，由于指数基金广泛地分散投资，任何单个股票的表现发生波动都不会对指数基金的整体表现构成大的影响；另一方面，由于指数基金所盯住的指数一般都具有较长的历史可以追踪，因此，在一定程度上指数基金的风险是可以预测的，这就使指数基金自身就能够避免遭受到不可预测的风险。

因此，从长期来看，指数基金的投资业绩优于其他基金。

投资指数基金最大的优势在于其成本较低。由于指数基金经理用不着积极选股，所以指数基金的管理费用相对较低。同时，因为指数基金采取了购买并持有的策略，不用经常换股，所以基金买卖证券时发生的佣金等交易费用也远远低于积极管理的基金。此外，跟踪同一指数的两只基金，收费水平可能不同；而涵盖同一市场层面的两只基金，也未必会用同一种指数作为基准。

事实证明，指数基金是一项省心的投资，投资者不用担心基金经理忽然改变投资策略或者基金经理的更换，因为指数基金是跟踪某个特定的指数，属于被动投资，基金经理变动对其影响没有主动投资的基金大。因此，不愿意花费大量时间和精力研究基金投资的投资者，指数基金可能会是一项不错的投资。

指数基金的投资者应着重关注以下几个方面：

一、选择所跟踪指数表现优越的基金

一是评估现有指数的市场品质。要对某只指数基金的风险及可预期回报与其他指数基金的差异做出评估，首先要知道其跟踪的是什么指数。从国内的情况看，天同 180 指数化投资部分主要投资于组成上证 180 指数的成分股票；博时裕富基金的标的指数是新华富时中国 200 复合指数（75%新华富时中国 200 指数 +25%新华富时中国国债指数）；融通深证 100 指数基金跟踪的是深证 100 指数。

二是看跟踪指数的误差。对于主要投资于指数的基金，其跟踪的指数很大程度决定了基金的收益和风险特征，应将跟踪误差作为重要指标。通过考察指数在不同市场情况的表现，投资者可以大概了解该指数基金

的表现。例如，华安180和天同180主要跟踪上证180指数，易方达50主要跟踪上证50指数。举个例子来说，假设指数涨了20%，但是跟踪误差偏离了5%，这样有可能投资者只赚了15%，相当于少赚了5%。

只有既能较好地控制跟踪误差范围，又能取得超越标的指数业绩的基金，才能算是一只优秀的指数基金。

二、选择管理能力好的基金公司

国内的许多指数基金都是增强型指数基金，在主要进行指数化投资之外，还会进行一定的主动投资。这部分投资受跟踪指数以外的因素，如基金经理的投资策略、择时能力等因素的影响。充分了解主动投资部分的比例大小，投资者可以更清楚地了解基金的特征。选择指数标的、降低跟踪误差、减少交易操作等，都需要基金公司有较强的管理能力。目前境内已有数家基金管理公司推出了指数基金，其中华安、易方达、融通各管理两只指数基金，经验相对丰富。

三、选择费用较低的基金

由于指数基金大部分进行被动投资，其费用水平一般比同类基金低。国内的指数基金之间，费用水平稍有差异。基金费用会最终从收益中扣除，投资者应充分考虑费用因素，选择其他因素相同而费用较低者。

四、选分红回报能力强的基金

指数不可能总是上涨，牛短熊长是证券市场的规律之一。指数基金的被动性投资特性，似乎让它无法主动规避市场风险。其实不然，通过在市场高位兑现赢利进行分红，指数基金能有效地减少熊市阶段所遭受的损失。对喜欢落袋为安的投资者来讲，一只分红纪录良好的指数基金是一种不错的选择。

五、投资者主要应考虑的因素

看指数是不是具有很强的赢利能力，其代表了股票的投资价值；指数基金跟踪指数的偏离度，偏离度越小，跟踪误差越小，其有效性越好。从指数基金本身的特点来看，它更加适合于进行长期投资，投资者应在对产品进行了充分的了解后再进行资产配置。

第三章　长期持有，进阶有道

如何在基金投资中长期持有的前提下使自己处于领先位置，并且最大化地赢利，是每一个基金投资者都想研究透彻的课题。这部分内容提供的进阶之道，一定会帮助读者在实践中获益。

长期持有极具收益效果

据不完全统计，近年来，65%的股票型基金投资者平均连续持有基金的期限不超过1年，持有期限超过2年的人数不超过20%，而且持有期和收益率呈现比较明显的正比例关系。美国股票型基金投资者平均持有期限则长达5年，许多以养老为目的的投资者的平均持有期限甚至长达10年以上。由此可见，中国基民投机的成分远高于投资的成分，更谈不上视基金为颐养天年的理财品种。那么，到底是应该波段操作基金，还是应该长期持有基金呢？

众所周知，股票型基金是一种高风险、高收益的金融产品，投资者很容易观察到，股票型基金的收益率波动要远远大于债券型基金和货币市场基金。一些比较熟悉股市行情的投资者往往频繁地申购和赎回股票型基金。从表面上看，这样的操作在短期内可能确实获得了高于持续持有股票型基金的投资回报，但问题在于，如果从更长的时间来看待波段买卖股票型基金，就可能得出完全不一样的结论。

“股神”巴菲特在1965年至2005年的40年时间里，他管理的基金资产年平均增长率为21.5%。当然，对于很多熟悉股市的投资者而言，一年21.5%的收益率可能并不是高不可攀的。但问题的关键是，在长达40年的周期里他能够持续取得21.5%的投资回报。按照复利计算，如果最初有1万元投资，在持续40年获取21.5%的回报之后，现在拥有的财富总额将达到2935.13万元。

当然，客户可以采取波段操作的方法来投资股票型基金。我们可以将波段操作简化成一种最简单的形式，即在40年的时间里有20年持有股票型基金，其余的20年则持有现金。假设通过波段操作可以在持有股票型基金的年度中取得每年30%的收益率，这相当于巴菲特年度平均收益的140%，应该是相当乐观的假设了。同时，假设持有现金的年度收益率为2%，那么，按复利计算，在40年之后最初1万元的投资只能变成367.12万元，只有长期持有情况下的八分之一。

显而易见，因为波段操作，原来可以获得2935.13万元的财富增值变成了367.12万元。实际上，这往往还不是波段操作的全部代价。上述波段操作收益率的前提是建立在每次波段操作都正确的基础之上的，但概率论告诉我们，波段操作对长期而言成功的几率只有50%，这意味着在现实中因为波段操作而获得的实际收益可能还会明显小于367.12万元。不仅收益大打折扣，而且长达40年的对基金的操心着急还将严重降低生活质量。

也许有人会说中国股市没有美国好，但应该首先相信中国经济，进而相信中国股市更有发展潜力；也许有人会说巴菲特的业绩无法复制，但应该更相信中国股市能够造就更多的长跑型基金；也许有人会说中国人比美国人更擅长做波段操作，但应该相信“阿甘式”的投资者才能赚大钱；也许有人会说牛市长期持有较好，熊市波段操作或远离股市较好，但不可能有人能够准确预知牛市或熊市的转折点。所以，一旦选定合适的优质的基金公司和基金，长期持有应该是最优选择，通过基金长期充当全中国最能赚钱的上市公司的小股东，应该比朝三暮四的小股东收获更大。

长期投资可以降低风险

基金和股票不同的地方就是它是个理财品种而非投机品，所以，买基金最好是长期投资，让专业的基金经理替自己投资理财，只有这样才可以降低风险，得到稳定的回报。投资基金不应当是搞投机，见利忘形，见钱眼开，追涨杀跌，而要对基金有耐心，周期性的变动很正常，要看得更为长远。即使是有些损失，也要保持一种平常心态，有所得也不要得意忘形而盲目追加投资，有耐心、有平常心才能成为长久的胜者。

新基民为了降低风险而进行长期投资时，可以参考以下方法：

一、根据自己的风险承受能力选择基金

投资基金也是有风险的，新基民更应当注意考虑投资的风险，选择自己可以承受其风险的基金作为投资目标，切忌盲目投资风险过大的基金，一旦投资失误，将给自己带来不可挽回的损失。若可以承担较大的风险，可以优先选择股票型基金；若风险承受能力较弱，则可以考虑低风险的保本基金、债券型基金、货币基金。承受风险居中的人宜购买平衡型基金或指数基金。与其他基金不同的是，平衡型基金的投资结构是股票和债券平衡持有，能确保投资始终在中低风险区间内运作，达到收益和风险平衡的投资目的。

二、考虑基金的投资期限

基金是比较适合长期投资的，对于收入来源比较稳定、可以长期投资

的投资者也可以采用分期购入法，每隔一段固定的时间、以固定等额资金购买一定数量的基金单位，不仅能够降低风险，并能取得较好的收益。需要纠正的是，有的人将基金投资当做炒股，在短期内频繁申购、赎回，这样不但难以获得较高的收益，并且由于频繁申购、赎回要付较高的手续费，所以最终可能一无所得。

三、选择后端收费方式

我们知道，基金管理公司在发行和赎回基金时均要向投资者收取一定的费用，其收费模式主要有前端收费和后端收费两种。前端收费是在购买时收取费用，后端收费则是赎回时再支付费用。在后端收费模式下，持有基金的年限越长，收费率就越低，一般是按每年20%的速度递减，直至为零。所以，新基民应当选择后端收费的方式，将有利于降低成本，持有时间越长所要支付的费用就越少，以此达到降低风险的目的。

四、优先选择伞形基金

对于投资者而言，投资伞形基金主要有两个好处，一是收取的管理费用较低，二是投资者可在伞形基金下各个子基金间方便转换。尤其是在股市变幻不定的时候，新基民可以依据市场行情的变化买卖基金，适时进出市场，规避风险。如股市进入牛市周期的时候买进股票型基金，当股市进入调整周期的时候投资者需要卖出股票型基金，更换其他的基金品种。

五、选精不选多

新基民对于基金的选择不要太多，一般买 2 至 3 个就足够了，这个道理和买股票差不多，太分散，反而可能会影响整体收益。基金选择的关键在于选到好的基金，并不是越多越好，每个基金都是风险和收益并存的，基金选得太多在增加收益的同时也在增加风险。同时，基金的规模对于基金的收益也有很大的影响，规模太大，再好的业绩也被摊薄了，规模太小，有点风吹草动，波动就大，因此规模要适中。另一方面，买基金看的是它的净值增长，看的是它的回报率而不是价格，新基民往往认为便宜的基金容易实现增长，比如1元的基金要挣1%只需要涨1分钱就行了，而2元的基金需要涨2分钱，才能挣1%，很多新基民都认为涨1分比涨2分容易。其实不是这样的，基金的业绩是看全部资产去除费用后，除以基金的规模，也就是说无论基金净值是多少，都是按它自身来衡量的，如果2只基金相对自身的资产都挣了1%，那么2元的基金肯定也涨2分钱，这是毫无疑问的。所以，不要只买便宜的基金。

六、不要轻易更换基金

一般基民对选择基金心中没底，总怕选错了基金，看到别的基金好就见异思迁。实际情况是可能某些基金短期表现不佳，但是中长期是不错的，新基民一旦选定了基金就不要轻易更换。当然如果业绩实在太差，也得考虑更换，因为越是不好的基金，赎回的人就会越多，赎回的资金越多，就越无法进行很好的投资，这是一个恶性循环。

七、慎选拆分、大比例分红的基金

有不少基金采取了拆分、大比例分红的手法来持续营销，扩大基金规模；还有些基金通过这样的手法，短期内把规模扩展到其原来的规模几倍。基金拆分就是将基金的份额按照一定比例分拆成若干份。基金拆分后，原来的投资组合不变，基金经理不变，基金份额增加，而单位份额的净值减少，好比是股票的“送股”。对于贪图价格“便宜”的投资者来说，此举可以从视觉上造成一种“加量又降价”的错觉。对此，投资者要做具体分析。

首先，基金规模扩大之后，其建仓成本也就会加大，而且基金规模的倍数扩大得太大时，此基金完全可以被当成新基金来进行投资了。其次，投资者有必要对基金拆分形成自己的判断。对于业绩优良、大比例分红送配基金所进行的拆分，不妨将其当成一种营销手段，欣然接受甚至增持。但对于净值越堆越高、很少分红配送，而且规模已经很大的基金，对其拆分意图应予以警惕。如果认为它有逃避分红的嫌疑，不妨进行赎回。再次，《中华人民共和国基金法》规定，基金公司进行拆分、分红，持续营销结束后10天内必须把股票仓位建立到其基金合同规定的最低比例，由于市场的不确定性，在此期间的风险无法评估。

择机做基金转换

股票指数在近几年不断创出新高，也经常出现宽幅震荡，为了规避投资风险，或者为了保住胜利果实，或者为了波段操作获利，许多基金投资者倾向于进行赎回再申购的交易方式。

赎回又称买回，它是针对开放式基金，投资者以自己的名义直接或通过代理机构向基金管理公司要求部分或全部退出基金的投资，并将买回款汇至该投资者的账户内。投资人需填写一份买回申请书，并注明买回基金的名称及单位数（或金额），以及买回款项欲汇入的银行账户，一般约需三至四个工作日。

从实际收益的效果上看，进行基金转换是一种更为合理的选择方式，不仅省时省钱，而且省心省力。

基金投资中一买一卖的手续费相对较高，一般情况下，每当市场行情不好时，多数投资者都会在反复犹豫之后选择赎回基金，然后等待市场出现好行情时再申购，这样做无疑会让投资者付出很高的投资成本。如果投资者利用基金转换业务，就可以用比较低的投资成本规避股市波动带来的风险。

以前，基金公司发行的基金在进行转换时，都会给投资者一定的费率优惠，比正常情况下赎回再申购要节省不少费用。现在的情况是，股票型基金转货币基金收取股票型基金的赎回费，转换费0.5%；货币基金转股票型基金，收取股票型基金的申购费。大多公司股基之间互转是要收取股基的申购费的，也有部分基金公司在基金转换时有优惠，但各基金公司的规定各不相同，具体要看其基金产品的规定。同时，由于基金转换按照申请日的基金净值进行申购，避免了因为赎回基金后资金T+5日到账的因素，而错失买入的最佳时机，同时也就节约了时间成本。

对于倾向于在不同风格基金之间频繁换仓的基民来说，选择系列基金或伞形基金，只需要很低的成本或零成本转换，能节省不少交易费用。因为伞形基金作为一种“自助餐”式的基金组合，其子基金之间具有互补的特性，可以让基民换仓更为便利。投资者在最初选择基金时，也可以考虑该基金公司旗下的产品线是否全面，是否可以在市场波动时进行基金转换。

基金转换不仅适用于将低风险品种转为高风险品种，而且也可选择将高风险产品转换为低风险产品。

把握基金转换的原则和方法

不少基金公司为了推广基金转换这一业务，进行了不少的优惠措施，投资者进行基金转换的费用，要远远少于两只基金的申购费用和赎回费用。

理财专家介绍，央行降低了存贷款利率后，债券市场看好，投资者不妨将股票型、混合型基金转换为债券型基金，这样既规避了股票市场的下跌带来的风险，又节省了赎回费和申购费，而且还避免了期间资金闲置产生的机会成本。

基金转换只能在不同基金的相同份额类别之间进行，即甲基金的前收费份额只能转换为乙基金的前收费份额，甲基金的后收费份额只能转换为乙基金的后收费份额。在两只基金不同份额类别之间的转换申请将被确认失败。

基金转出视同基金赎回，基金转入视同基金申购。投资者办理基金转换业务时，转出方的基金必须处于可赎回状态，转入方的基金必须处于可申购状态。

投资者转出基金时，需要选择转出基金的份额类别，且转出数量不得超过申请日该基金账户在销售机构托管的该基金份额类别的可用余额。投资者可以转出其账户内某一基金的部分或全部份额，但每笔转出必须符合基金管理人对相关基金单笔转出份额下限的有关要求。

产品线丰富的基金管理公司通过基金转换业务给投资者提供了很大的方便，但是，投资者也不要频繁地转换基金产品。因为基金是一种专业理财产品，基金业绩有一定的周期性。投资者不能因为基金净值在短期内低于心理预期，就盲目地进行基金产品之间的转换。这样不但增加了基金的转换成本，而且也可能失去原有基金产品应有的获利机会。因此，基金转换成功与否，关键要看转换的时机。

那么，投资者怎样把握基金转换的时机呢？以下原则应该遵守。

一、根据宏观基金形式把握转换时机

投资者要注重宏观经济以及各类金融市场的趋势分析。在经济复苏期，股市逐渐向好时，投资者应选择股票基金；当经济高涨，股市涨至高位时，投资者应逐步转换到混合型基金；当利率升高，经济过热，即将步入衰退期时，投资者可转换到债券基金或货币基金。

二、根据证券市场走势选择转换时机

股票市场经过长期下跌后开始中长期回升时，适宜将货币型、债券型基金转换为股票型基金，以充分享受股票市场上涨带来的收益；当股票市场经过长期上涨后开始下跌时，适宜将股票型基金转换为货币型或债券型基金，以回避风险。

三、根据具体基金的赢利能力选择转换时机

随着基金规模的不断壮大，大的基金公司旗下一般都会有几只不同风格的配置型基金和股票型基金，表现有差异也是必然会出现的事情，当目标基金的投资能力突出，基金净值增长潜力大的时候就可以考虑将手中表现相对较差的基金转出。

在进行基金转换的时候，投资者要掌握好基金转换的时机。在转换时要注意以下几点：

一是投资者应根据股市与债市的市场繁荣情况，在各类基金之间进行自由灵活地转换。同时注意不要过于频繁地转换基金产品，或者盲目进行基金产品之间的转换，这样不但会增加基金的转换成本，而且也可能

要承担原有基金产品可能获利的机会成本。

二是投资者可以选择伞形基金。伞形基金的一个重要特点，就是投资者可以在同一伞形基金之下自由转换。投资者根据自己的需求和市场情况的变化，在伞形基金各子基金之间相互转换时，不需花费任何费用或仅需支付相当低的费用，这意味着投资者可实现零费用或者低成本的仓位调整和资产配置。

三是在进行基金转换之前一定要查询费率。现在很多基金公司为了吸引投资者，纷纷推出基金申购、转换方面的优惠措施，不过这些优惠对于不同的基金公司是不一样的，而且基金公司也可以根据不同的情况随时调整费率，具体要看基金公告。此外，转换的两只基金必须都是该销售机构代理的同一基金经理人管理的、在同一注册登记人处注册的基金。

四是投资者想当天在基金之间进行相互转换，需要满足几个条件。首先，基金转换只能在同一基金管理公司的基金之间进行转换，而且必须是同一个 TA 账户。其次，不同基金的转换需要基金公司开放转换功能，哪几个基金之间可以转换是有严格限制的。基金之间的相互转换还受到基金本身的条件限制，两个基金之间本来是可以相互转换的，但是基金公司随时可以停止这种转换，也随时可以恢复转换。如其中的一个基金由于规模控制，不希望规模过大，基金可以暂停申购，那么这个基金也就不能被转换了。

除了上述原则之外，转换基金的时机可以按照以下方法进行把握：

其一，如果投资者的股票型基金回报已达到目标收益率或者暂时看空股票市场，准备将手上的股票型基金获利了结，但目前尚无资金使用需求，就可以将股票型基金转换至固定收益类基金，如债券型基金或货币市场基金，这样可以继续享受高于银行存款利息的收益率。

其二，如果持有的股票型基金跌至止损点而且进一步看空股票市场，同样暂无资金使用需求，在认赔并赎回之前，可考虑转换到可以申购新股的债券型基金，等时机成熟之后再转换成股票型基金。

其三，如果市场进入较长时间的震荡调整阶段，可以考虑将指数型股票基金转换为主动型股票基金，或者考虑将老基金转换为次新基金（如拆分或封转开后集中申购的基金）。

其四，当股票市场反弹或反转趋势较为明朗时，投资者应将停泊于债券型基金或货币市场基金的资金及时转换到即将上涨的股票型基金里，从而迅速抓住市场机会。

其五，如果基金公司或基金业绩发生重大的不利变化，譬如基金公司严重违法违规遭到通报，基金的风险收益特征发生恶化（如晨星评级下降而风险系数较高），需要考虑转出这家公司的基金或这只继续恶化的基金，转入更稳健的基金（公司规范经营、基金业绩晨星评级较高而风险系数较低）。

其六，如果基金投资者较为专业，对不同行业、主题、风格的股票在不同时点的投资机会具有一定的判断能力，可以考虑在不同类型的股票型基金之间进行转换操作。

基金转换投资要讲究章法

目前，基金产品越来越多，品种也不断丰富。不仅同类基金较多，而且同一基金管理公司旗下的基金品种也各异。面对种类繁多的基金产品，除了为投资者创造可选品种的同时，也为投资者进行基金的组合投资提出了更高的要求。如何根据基金品种特点，进行基金品种之间的巧妙转换，对投资者创造基金投资收益起着十分重要的作用。但省时快捷的操作原则往往使投资者因采取的转换策略不够科学，而在投资中遭受不应有的损失。本书编者认为，基金品种之间的转换，绝不能像买卖股票一样轻松随便，而且还要慎之又慎。以下这些基金转换的章法，不妨供投资者在实际操作中参考和运用。

一、不要轻易跨营销渠道进行基金转换

根据基金营销的需要，基金管理公司选择了直销和通过渠道商代销等基金销售形式，渠道商代销主要存在于银行和券商之间。由于银行和券商的服务水准和服务文化存在一定的差异性，特别是针对不同的基金产品，会表现出不同的专业化服务。风险厌恶型投资者，特别是银行的定期存款客户都热衷于通过银行购买基金产品，而股票型投资者都习惯于通过券商经营网点购买基金产品。投资者从一方营销渠道转向另一方营销渠道，会因服务方式的改变而产生诸多的不适应，需要付出较多的转换成本。

二、为节约基金转换成本，投资者应结合自己的投资习惯和偏好选择基金营销渠道

如股票型投资者，可选择在券商处开立基金账户，并与股票的资金账户相连，既可以进行股票投资，也可以进行基金投资。基金产品和股票之间也可以进行资金的相互转换，可大大提高投资效率。又如银行储户，如果客户属于风险厌恶型投资者，可选择在银行开立基金专户，并利用银行卡的功能，也可进行储蓄产品和基金产品之间的资金转换。

三、只能选择同一家基金管理公司的基金产品进行转换

为了鼓励投资者进行基金产品的转换，基金管理公司都为其旗下的基金产品转换创造了良好的转换条件，并给予了一定的转换基金费率的优惠措施。目前，由于基金产品的同质化程度较高，基金产品之间的收益

差距还不是十分明显。基金产品资产配置的趋同性导致了投资者在选择基金产品时，还是应当考虑基金的转换费用。当基金的收益足以吸引投资者，而且可以忽略转换费用时，投资者可以在不同的基金管理公司之间选择同类基金产品。

四、频繁转换基金产品不足取

由于基金是一种专家理财产品，基金业绩都有一定的周期性。投资者不能因为基金净值在短期内低于心理预期的净值增长率，就盲目地为追求基金的净值而进行不同类基金产品之间的转换。这不但增加了基金的转换成本，而且也失去了原有基金产品应有的获利机会。

五、不熟悉的基金产品，不应进行试探性的基金转换

如习惯于投资货币市场基金的投资者，不宜马上进行股票型基金的投资转换。转换基金产品，就等于转换了投资者的投资理念。由于基金产品的资产配置特点各不相同，投资者如果对基金产品的资产配置组合缺乏应有的研究和分析，就不易掌握基金净值波动的规律，也不易把握基金产品的投资机会。另外，对于初次购买基金产品的投资者，在对各种基金产品运作特点和运作规律不熟悉的情况下，也不宜进行盲目的基金产品之间的转换。因此，投资者在进行基金产品的转换前，先进行投资理念的转换是十分必要的。

基金转换及其费用

基金转换是指投资者在持有某一公司发行的任一开放式基金后，可将其持有的基金份额直接转换成该公司管理的其他开放式基金的基金份额，

而不需要先赎回已持有的基金单位后再申购目标基金的一种业务模式。

基金转换只能转换为同一基金公司管理的、同一注册登记人登记存管的、同一基金账户下的基金份额，并只能在同一销售机构进行。而转托管是指同一投资人将托管在某一个销售网点的基金份额转出至（可以是不同销售机构，但须是代理销售所转托管的基金的机构）另一销售网点的业务。

基金转换的好处在于：一是基金转换可以规避市场风险。基金转换业务为投资者应对股市、债市和货币市场的变化提供了方便。当证券市场发生较大变化的时候，投资者可以通过具有不同风险程度的基金间的转换，回避因市场波动而带来的投资风险；或者当投资者的收入状况或风险承受能力发生变化的时候，通过转换业务，变更投资于符合自身投资目标的基金产品。

例如，当股市波动较大时，将高风险的股票型基金转换成低风险的货币基金或债券型基金，当看好后市时再将货币基金或债券基金转换成股票型基金，可适当规避投资风险。

二是可以调整基金组合。转换基金可以作为调整基金组合来使用。由于基民生活的环境会发生变化，其所承担的风险也会发生变化，基民可通过转换部分基金的方式来调整基金组合的风险系数。投资者在购买了不适合的基金后，可采用基金转换方式，选择同一基金管理公司的其他基金品种。

三是可以节约交易成本。通过转换业务变更基金投资品种，比正常的赎回再申购业务享有一定幅度的费率优惠。基金份额在转换后，原持有时间仍延续计算，享受持有时间越长、赎回费率越低的优惠。

基金转换还可以比卖出老基金再买入新基金缩短时间。正常情况下，在申请基金转换后，第二个交易日（即T+1）即可获得确认。应该注意的是，由于基金注册登记机构等原因，同一家基金管理公司中可能会有一只或者少数几只基金不能同其他基金进行转换。

转换申请中的两只基金要符合如下条件：一是在同一家销售机构销售的，且为同一注册登记人的两只博时开放式基金；二是前端收费模式的开放式基金只能转换到前端收费模式的其他基金，申购费为零的基金默认为前端收费模式；三是后端收费模式的基金可以转换到前端或后端收费模式的其他基金。

在一般情况下，基金转换费用低于申购费，甚至不收。例如：景顺长城基金管理有限公司的景系列基金是免费转换。

投资者可在开放日的交易时间段内，带上身份证、基金账户卡和银行卡到能办理基金转换业务的销售网点办理该业务。在第二个工作日可到受理业务的网点查询成交情况。

大部分同一家基金公司的基金都可以互相转换，如果是在网上操作的话，按提示操作就可以了。但也有不能转的，这主要是基金公司的问题，也就是基金公司不支持基金转换。如果你在网上不能转换，到柜台也不可以。

对于T日申请基金转换的投资者,转换申请于T+2日（工作日）确认。基金转换费用由基金持有人承担。基金转换费用由申购费补差和赎回费补差两部分构成，具体收取情况视每次转换时的两只基金的申购费率和赎回费率的差异情况而定。

申购费补差：对于两只前端收费基金之间的转换，按照转出金额分别计算转换申请日的转出基金和转入基金的申购费，由申购费低的基金转到申购费高的基金时，收取申购费差价；由申购费高的基金转到申购费率低的基金时，不收取差价。

对于两只后端收费基金之间的转换，基于每份转出的基金份额在转换申请日的适用后申购费率，计算转换申请日的转出基金后收申购费。基于转入基金的零持有时间的适用后申购费率，计算转换申请日的同等金额转入基金后收申购费。由后收申购费高的转到后收申购费低的基金时，收取后收申购费差价。由后收申购费低的转到后收申购费高的基金时，不收取差价。对于后端收费基金往前端收费基金的转换来说，基于每份转出基金份额在转换申请日的适用后申购费率，计算转出基金的后收申购费。基于转出金额计算转换申请日转入基金的前收申购费。除收取基金的后收申购费外，当后收申购费低于前收申购费时，收取申购费差价，否则不另外收取差价。

赎回费补差：基于每份转出基金份额在转换申请日的适用赎回费率，计算转换申请日的转出基金赎回费；基于转入基金的零持有时间的适用赎回费率，计算转换申请日同等金额转入基金的赎回费。若转出基金的赎回费高于转入基金的赎回费，则收取赎回费差；若转出基金的赎回费不高于转入基金的赎回费，则不收取赎回费差。

巧用基金转换应对市场波动

如果股市大幅波动，基金投资者如何在短期投资风险和长期投资机会二者之间做出平衡？对此，有关专家建议，投资者可以通过基金转换业务，在高风险偏股型基金与中低风险债券型基金之间灵活转换，适当应对短期市场的波动风险。

基金转换是指无须赎回原有基金，直接将原来持有的基金份额转换成同一基金管理公司旗下的其他基金份额，其优点在于成本较低且交易快捷。通过基金转换，投资者只需支付拟赎回基金的赎回费以及拟申购基金与拟赎回基金之间的申购费差额，从而节省了部分申购费用。更重要的是，基金从赎回到再申购一般需要花费三到七天的时间，而基金转换则是当日即可完成，避免了期间资金闲置产生的机会成本。

针对部分投资者在不同基金间频繁转换或者盲目跟风转换的现象，有关专家提醒，频繁进行基金转换不仅不能节省费用，反而降低了基金获利和避险的功能，投资者应该根据自身风险承受能力，结合市场形势，掌握时机灵活地进行基金转换。

股市永远是“一赚二平七亏”，很多人难以走出“高位买套到低位割肉或死守见顶时再冲动地高位买套”的怪圈。股市是一个有规律没准则的市场，相对而言，每一个顶都可能是底，而每一个底都可能是顶，身为股民，最难受的事莫过于连续不断从底到顶再从顶到底地坐过山车。投资追求的首要目标应该是一个具有相当确定性的投资结果，而不是投资周期的最短化。以追求稳健性的收益为根本目标，不要过多地受短期波动的影响，更不要将捕捉每天的涨涨跌跌作为自己生活的全部。

事实上，经过了基金市场的大起大落之后，货币市场基金作为一种低风险的投资工具已受到基民的认可，由于该基金的主要投资方向为国库券、商业票据、银行定期存单、政府短期债券、企业债券等货币市场上的短期有价证券，除了流动性类似于活期存款外，其收益高于活期存款很多。对于熟知基金操作的投资者来说，也可通过基金转换业务，在高风险偏股型基金与中低风险债券型基金之间灵活转换，以应对短期市场的波动风险。

需要提醒基民的是，在基金转换时应尽量在同一家基金管理公司内部进行基金转换。目前一些规模大、实力强的基金公司都相继推出了开放式基金的相互转换业务，对于转换费用也给予了诸多优惠。另外，要结合市场环境进行基金转换。一般情况下，如果股市看跌，投资者应将高风险的股票型基金转换成低风险的债券型或货币型基金；股市向好，应将债券型或货币型基金转换为股票型基金。

掌握基金逃顶的有效时机

在基金的投资过程中，逃顶同抄底一样受到投资者的青睐和关注。之所以受到重视，是因为逃顶成功则意味着能够及时回避风险，获得较好的投资收益，避免套牢。不过，要想成功逃顶，投资者需要关注逃顶的时机。

一、保本型基金避险期后可考虑逃顶

保本型基金都有避险期，避险期内赎回，投资者将会付出不保本和缴纳赎回费等方面的成本。而在避险期后赎回,有利于投资者锁定投资本金。

二、已经完成投资目标和计划的基金产品

无论是哪种类型的基金产品，只要是完成了预定的投资目标和计划，投资者都可以做出逃顶选择，因为这时的投资者已经不存在压力和包袱了。

三、指数型基金可结合经济周期逃顶

因为指数型基金属于被动投资，主要复制标的指数，与证券市场的关联性极强。而作为经济的晴雨表，标的指数的表现又与经济周期密不可分。因此，了解经济周期的运行规律，并在经济高涨期逃顶。

四、行业基金要考虑在行业成熟期逃顶

目前的基金产品众多，行业基金层出不穷，但不同的行业均有不同的

生命周期，并非所有时间内都会保持持续高速的增长。

五、股票型基金的逃顶要看基金经理人的管理能力

基金经理人的管理能力，主要是看配置基金仓位的稳定性和选择基金资产品种的成长性。

六、判断价值动向

封闭式基金逃顶时要看价格偏离净值的幅度，尤其要判断是折价，还是溢价。当封闭式基金二级市场价格远高于其净值时，说明封闭式基金的价格偏离其价值，需要投资者注意回避风险。

ETF、LOF 等基金逃顶则要结合股价变动趋势，并通过技术分析及量价关系进行判断。诸如在 MA 的组合运用中，若行情位于长期和短期 MA 之下，短期 MA 又向下突破长期 MA 时，可进行赎回。这也是典型的“死亡交叉”的例子。

七、货币市场基金在需要流动性资金时可以逃顶

货币市场基金不投资于证券市场，其收益相对稳定，流动性较强，免申购及赎回费。投资者在选择货币市场基金时，应当淡化逃顶的概念。

摆脱基金“高买低卖”的魔咒

弃股投债并选择赎回的投资者的理由大致如下：过去一段时间，由于股市走强，许多基金创出历史新高，不少 6000 点附近冲入股市的基民终于解套，之前大跌留下的心理阴影使得他们急于拿出本金以免再被套牢，还有部分投资者眼见股市大涨想及早兑现获利部分，于是选择获利了结。

当然，也有急涨之后稍有调整担心上下坐电梯，所以暂时离场。

《滚雪球》这本书中记录了巴菲特第一次买股票的经历，很值得深思。那时 12 岁的巴菲特用自己所存的全部积蓄共计 114 美元，与姐姐多丽丝合伙买了三股他父亲喜欢的股票，买入之后该股一路下跌。上学的路上，姐姐每天都提醒他股票在下跌，于是，在该股票止跌回升后，巴菲特以每股 40 美元卖出，每股小赚 2 美元。但此后，该股股价涨到了 202 美元。

巴菲特从中学到了很重要的教训，既不要过分关注股票的买入成本，也不要不动脑筋地急于抓住蝇头小利。如果他能耐心一点，他就能赚到更多。尤其是第二个教训，巴菲特一直念念不忘，“他将永远永远地记住这个教训”。因为从他 6 岁开始出来干活，五年才积攒下来 120 美元买入的这只股票，按照当时他出售高尔夫二手球和在棒球场贩卖爆米花赚到的钱为基准来计算，要把他“丢失”的利润赚回来，需要很多很多年。

基金为何屡屡高买低卖呢？其主要原因在于基金的制度缺陷。一是基金发行之后，有一个建仓期和仓位的限制性规定，这是基金高位买入、高位套牢的最大原因。假如大盘处于高位，按照合约要求和制度限制，基金也必须买股，而且必须达到一定的比率，这种不合理的规定，使得基金相当被动，其结果必然是亏损。某年在 4300 点之上发行的基金，无不巨亏。反过来，大盘处于低位的时候，由于基金不断亏损、基民赎回，以及基金仓位的限制，基金只能被动出售股票，造成恶性循环。至于私募，是没有这个规定的，他们可以择机出击，高位卖出，低位买入，赢利的可能性大大超过公募基金。

二是基金的收入没有跟业绩挂钩，只收取管理费，缺乏奖惩机制，是基金亏损的又一个原因。只收管理费，而没有奖惩，即使是傻瓜，也能当基金经理。基金规模越大，收入越高，业绩跟基金经理无关，基金只享受权利而没有义务，这样的经理，试问，谁不会当？

三是某些基金一年才分红一次，比如封闭式基金，到了分红期，大量抛售股票，造成股价一跌再跌，大跌特跌，基金扎堆的股票，更是如此。

其他还有很多原因，而上述三个原因应该是最主要的。改革基金管理制度，引入奖惩机制，迫在眉睫。

基金高买低卖除了有制度上的原因外，主要还是基民“追涨杀跌”的心态在作怪。最近市场转强，不少人又在咨询能不能买基金了。不少基民缺乏对于资本市场的专业知识，却总是喜欢跟风操作，这难免不会出现判断失误。

对于基金高买低卖的现象，专家建议：既然选择买基金而不是股票，就是想把资金交给专家理财，那就不要频繁买卖，这样既损失了手续费用，又可能踏空行情。根据历史统计，来回操作基金的人的收益大多比不上长线持有的；上证指数虽然只有3000多点，但不少业绩好的基金净值已经创出历史新高。因此，对于绝大多数基民而言，目前买入历史业绩优秀的基金，坚持长线持有，或许是一种最适合的选择。

潜伏于黑马基金的绝招

每当年终基金座次最终敲定的时候，人们总是能发现数只所谓的黑马基金跃然纸上。于是，有人庆幸不已，潜伏成功；有人扼腕叹息，后悔不已。

黑马基金具有这样的特点：一是操作风格灵活。操作风格是一只基金投资理念的延伸，能够灵活地根据市场情况有选择性地进行投资，就具备了黑马基金的潜质。总体来说，大基金公司的基金偏稳健，二三线基金操作相对灵活。

二是投研能力突出。对市场研判精准、高超的选股能力以及时点判断是优中选优的关键。想成为黑马基金不容易，买错一只股票就可能失去机会。处于成长期的优质基金公司一般会在投研团队的建设上下大力气。

三是股票投资较多。股票仓位高的基金，其收益有超越其他基金的基础。简单来说，在市场比较稳定的情况下，股票型基金赚取10%的收益一般来说比债券型基金容易。股票仓位达到60%至95%的平衡或成长型基金尤其如此。

四是规模仓位合理。虽然小规模的基金操作更灵便，但是中等规模的基金操作既有一定的稳定性又不失灵活。在仓位控制上，进退有据，根据投研分析果断减仓调仓，不在“势大力沉”的板块投入过多仓位。

那么，怎样把手中的基金潜伏成黑马基金呢?

一、紧跟大市，慧眼选基

想要在震荡市中寻求高收益，格外考验基金的投研能力。那些投资犹豫不决、风格不明朗、持仓垃圾股的基金还请投资者舍弃了吧。多关注能够根据市场和政策导向迅速调整投资结构的基金，黑马就离你不远了。

二、分批建仓，分散持基

就算自己看好了某只基金，也要谨慎出手。建仓要分批次，既能降低投资风险，又能更清楚地了解基金的投资理念。不要把全部资金都放在某只基金上，多选择几支潜力基金，捞到黑马的几率自然就高。同时，稳健型的基金投资也是投资者投资收益的基本保证。

三、不迷信基金评级

所有的基金评级，其依据无非是基金以往的表现，对于投资者该基金明天的表现完全没有决定意义。但是投资者可以从基金评级中，侧面了解一只基金的投研能力、在相同市场环境下的收益能力以及在同类型基金中的表现排名，这些可以作为投资参考。

石屋禅师有一首很有名的禅理诗："过去事已过去了，未来不必预思量。只今便道即今句，梅子熟时栀子香。""梅子熟时栀子香"是最有深意的一句，梅子还没有熟，你不能强行让它熟；栀子还没香，你也不能强行让它香。

天行有常，万物有时，自然界如此，基金市场亦然。所罗门王的"一切都会过去"，意思即成功时不可骄矜得忘乎所以，失意时不必气馁到丧失希望，因为一切终将成为过去，我们所需要把握的就是现在。

根据市场趋势及时做出调整

在大多数人的印象中，基金是长期投资的品种，那么是不是说长期投资就是一味死守、被动地持有待涨呢？基金投资能否变"被动"为"主动"呢？

理财师建议投资者，尽管基金是一个长线投资品种，但并不是说投资者持有待涨就万事大吉了。由于市场趋势在变化，持有的基金并非一直能够顺应市场，因此投资者要根据市场热点和基金特点灵活掌握。假如投资者持有的是一只滞涨的基金，损失的不仅是投资机会，而且还有时间成本。所以，一味死守一只净值增长缓慢的基金并不可取。

业内人士认为，由于国外大机构的价值投资理念在多年的磨炼中已经成熟，采取的是超长期投资理念，获得的是长期的资本增值。但是在属于新兴市场的我国股市，即使是机构投资者也鲜有长期投资的，因为市场热点转换太快。因此，对投资者来说，了解投资基金的经营变动情况和市场上优秀基金的业绩表现、定期检查投资收益、根据市场的节奏变化及时转换手中的基金就显得十分必要，甩手掌柜式的不管不问策略是不可取的。

当然，调整自己手中的基金品种要支付一定的费用，但是投资者可以充分利用基金转换这一策略，用很低的成本来达到调仓的目的。

当投资者手中持有的基金出现风险的时候，投资者可以采用基金转换业务，把手里风险较高的基金转换到风险比较低的同一公司旗下的其他产品，这只适合于同一家基金旗下的产品。基金转换的手续费往往会比较优惠，投资者可以根据市场的具体情况来实现资产的有效保值和增值。还有一种避险策略就是进行定期定额的投资业务，就是和银行约定一个时间、约定一定金额来购买某个基金公司旗下的产品，这个业务有点像银行的零存整取业务，它规避了股市多空的风险以及资金净值起伏的风险。

及时调整会带来增持良机。据业内人士对市场中长期的乐观预期，长期投资者仍可战略布局于高折价的封闭式基金、指数基金，以及操作灵活、选股能力较强且较稳定的偏股型基金。据称，封闭式基金走强，仍具战略投资价值。封闭式基金以其独特的安全边际属性和净值增长潜力越来越受到投资者的关注。选择折价率较高、长期业绩良好的封闭式基金进行中长期战略性投资仍是安全而不失收益机会的选择。

在个别基金品种的选择上，由于未来发生高通胀的可能性较高，中长期投资者可适当关注重点投资于房地产业、采掘业等抗通胀类股票的偏股型基金。

短期投资者应加强对市场短期震荡加剧的风险控制，尤其要对市场结构性的调整保持警惕，回避那些主要以中小盘股票为投资目标、前期涨幅过大的基金。

红利再投资是收益最大化的方式

对于主要投资于证券品种的基金而言，基金分红主要有现金分红和红利再投资两种方式，投资者可以自主选择分红方式。举例来说，如果投资者持有一只100万份额的基金，现在每基金份额分红0.05元。假如投资者选择的是现金分红方式，那么可以得到5万元现金红利；假如你选择的是红利再投资，而分红基准日基金份额净值为1.25元，那么投资者可以分到50 000÷1.25=40 000份基金份额，这时投资者持有的基金份额就变成104万份了。

那么，如何选择基金分红方式呢？统计数据告诉我们，从长期来看，不同分红方式的选择导致的最终收益差别巨大。

最近四年以来，为了促进现有开放式股票型基金的持续营销，基金公司的许多基金产品进行了大比例的分红，由于赢利颇丰，所以分红规模和分红比例盛况空前。与此同时，由于股市曾出现持续上涨，许多高比例分红的基金都面临短期严峻的净值增长排名压力，许多选择现金分红的基金投资者对部分资金错过牛市行情抱怨万分，有的基金投资者还因此将基金公司和代销机构告上法庭。

国内外的数据和经验都表明，选择红利再投资方式从长期来看比较合算也必将获得更高的收益。首先，不用再交申购费。通过红利再投资可以免费多买些基金份额，分享该基金成长带来的收益。其次，投资更省心。选择了红利再投资，不需要办理任何重新申购手续，账面上自动就会增加基金份额，十分方便。但有一点需要注意的是，每只基金在进行分红时，都规定一个权益登记日，在此之前拥有基金份额的投资者，才有资格参与基金的分红，不在权益登记日之前购买，就不能成为该基金可参与分红的持有人，肯定就不能享受基金分红。但基金发放红利与权益登记日之间还会有一定的时间间隔，不是同一天，往往是前一天宣布为权益登记日，后一天是除息日，然后才是红利分配日，也叫派现日，遇节假日还需要顺延。其三，能有效地提高资金的利用效率。红利再投资的另外一个好处是，当没有时间或因其他原因错过了股市行情，能够及时赶上基金净值快速增长带来的机会，这在股市的牛市行情中表现得尤其突出。最后，红利再投资还可免缴税。股票的分红派息需要缴纳10%的红利税，而基金的优势就在于免缴税，实际分配多少，投资者就可以得到多少。

基金分红的次数越频繁，这种差别就会越明显。当然，打算选择红利再投资的投资者需要注意，一定要到基金公司或者基金代销机构弄清楚自己的分红方式，因为根据证券基金法规的新规定，基金公司会将基金初始的分红方式自动定为现金分红，投资者必须到基金公司（直销客户）或者代销机构（代销客户）进行声明修改后才能启动红利再投资的分红方式。

申购和赎回前应考虑的问题

和众多的研究人员一样，我们倡导投资者在进行基金投资的时候应当坚持长期的投资理念，但在把握申购和赎回的时机方面仍然需要进行认真的选择和考虑。在计划申购某一基金产品的时候，投资者需要考虑以下几个问题。

申购之前需要考虑的问题是：

一、了解基金的投资风格、投资目标和投资对象

尽管国内股票型基金存在着投资风格雷同的弊病，但相信随着证券市场和基金管理人的逐步成熟，不同投资风格和投资目标的基金将会体现出更多的差异性。基金投资者在申购基金产品之前首先要了解基金的上述特征是否与自己的需求吻合。

二、了解基金过往业绩及基金经理的过往业绩和职业操守情况

尽管相关数据表明，基金的过往业绩与未来业绩并没有明显的相关性，但拥有持续良好业绩的基金，其可信程度依旧大于历史业绩较差的基金。此外，由于国内基金经理更换较为频繁，所以投资者应关注基金产品在过往更换基金经理的具体情况。基金经理更换频繁的基金产品，历史业绩缺乏可信性。同时，对于现任的基金经理，投资者应当阅读其履历，对于出现违规行为和跳槽频繁的应避免选择。

三、存在利益输送行为的基金，投资者应尽量避免申购

当一家基金管理公司发行基金产品的时候，应当适当关注原有的相同类型的基金产品。在基金市场异常火暴的2006年年末和2007年年初，股票型开放式基金的发行十分顺利，规模甚至达数百亿之多，管理层不得不采取措施控制基金的发行规模。与此同时，原有的股票型基金却没有得到应有的重视，一些熊市中发行的基金产品，其份额依旧维持在较低水平。

事实上，同一家基金管理公司都共用同一投研平台，因此我们强烈反对基金的利益输送行为。虽然新基金配置原有老基金的重仓股并不令人

意外，但这会在客观上使得原有基金受益。特别是在当前证券市场具备投资价值的股票相对有限的背景下，这种效应会表现得更加突出。

既然对待基金应当坚持长期投资的理念，那么基金持有人在持有基金产品后，没有充分的理由，不应当轻易赎回基金产品。只有当下述现象发生的时候，投资者才应当考虑采取理性的赎回行为。

赎回之前需要考虑的问题是：

一、对于基金经理频繁更迭的基金产品，投资者可以考虑赎回

基金经理跳槽是一种常见的现象，投资者不必过分忧虑。但如果一只基金产品频繁出现基金经理的更迭，可能反映出其背后存在的深层次问题，比如基金管理公司治理结构欠佳等，这是基金投资者需要警惕的地方。

二、对于长期业绩表现欠佳的基金，投资者可以考虑赎回

现实中这种行为相对较少。基金行业的激烈竞争促使各家基金管理公司非常重视其旗下各种基金的业绩排名，当旗下基金出现中期业绩表现不佳时，基金管理公司往往会采取严厉措施。相对来说，持续业绩不佳的基金出现的概率比较少，而且往往出现在尚没有建立起品牌和特色的新兴基金管理公司中。

对于普通的基金投资者，我们并不建议根据股票市场走势和环境采取择时操作。但对市场十分敏感并具有操作经验的投资者，如果希望通过择时操作回避系统性风险，可以通过基金份额的转换代替赎回行为，比如将股票型基金转换为货币市场基金。这种转换不应过于频繁，只有认为市场趋势发生根本性转变的时候，这种转换行为才有操作价值。如果认为市场出现的仅仅是一般的短期或中期调整，不宜进行转换操作。

在购买基金产品之前，投资者应当对自己的资产配置和使用做出细致

的规划，但这种规划仍然有可能不适应现实的动态变化，当投资者需要资金周转的时候，则不得不赎回基金份额以变现资产。

开放式基金的申购和赎回行为始终是一个充满争议的话题。这里提出的基金投资者在基金申购、赎回行为中的偏好和误区以及相对应的建议，可能随着基金市场的不断发展而产生新的变化。其实，只要基金投资者本着长期投资理念选择治理结构较佳、管理能力较强的基金管理公司和基金产品，申购与赎回并不是一件需要过分操心的事情。

第四章　两种基金，各有技巧

本部分内容对开放式基金和封闭式基金的投资进行了全面的解读，包括开放式基金的优势及其适合人群、开放式基金的交易流程、开放式基金认、申购和赎回价格的计算、开放式基金的选购，以及投资封闭式基金时需要掌握的投资技巧，如封闭式基金的选购技巧和投资策略、到期处理与收益、封闭式基金的行情风险及套利模式等。

开放式基金的优势及适合人群

开放式基金是和封闭式基金相对而言的，在国外又称为共同基金。开放式基金包括一般的开放式基金和特殊的开放式基金。特殊的开放式基金是指“上市型开放式基金”。也就是上市型开放式基金发行结束后，投资者既可以在指定网点申购与赎回基金份额，也可以在交易所买卖该基金。除特殊的开放式基金外，还有一种“交易所交易基金”，它是在证券交易所挂牌交易的、基金份额可变的指数型开放式基金。其交易价格、基金份额净值走势与所跟踪的指数基本一致。因此，投资者买卖一只 ETF 基金，就等同于买卖了它所跟踪的指数包含的多只股票，可取得与该指数基本一致的收益。

开放式基金在激励约束机制、流动性、透明度和投资便利程度等方面都具有较大的优势：

一是市场选择性强。如果基金业绩优良，投资者购买基金的资金流入会导致基金资产增加。而如果基金经营不善，投资者通过赎回基金的方式撤出资金，则导致基金资产减少。由于规模较大的基金的整体运营成本并不比小规模基金的成本高，使得大规模的基金业绩更好，愿意买它的人更多，规模也就更大。这种优胜劣汰的机制对基金管理人形成了直接的激励约束，充分体现良好的市场选择。

二是流动性好。基金管理人必须保持基金资产充分的流动性，以应付可能出现的赎回，而不会集中持有大量难以变现的资产，从而减少了基金的流动性风险。

三是透明度高。随着履行必备的信息披露，开放式基金一般每日公布资产净值，随时准确地体现出基金管理人在市场上运作、驾驭资金的能力，这对于能力、资金、经验均不足的小投资者具有特别的吸引力。

四是便于投资。投资者可随时在各销售场所申购、赎回基金，十分便利。良好的激励约束机制又促使基金管理人更加注重诚信、声誉，强调中长期、稳定、绩优的投资策略以及优良的客户服务。作为一个金融创新品种，开放式基金的推出，能更好地调动投资者的投资热情，而且销售渠道包括银行网络，能够吸引部分新增储蓄资金进入证券市场，改善投资结构，起到稳定和发展市场的作用。

一般而言，开放式基金适合四类投资者购买：

一是把证券投资作为副业，又没有时间研究的投资者。证券市场的绝大部分参与者都有自己的主要工作，证券交易的开市时间也是大家本职工作最忙的时间，购买基金交给专业的基金公司去管理，可以坐享其成。

二是有意进行证券投资，但缺乏证券知识的投资者。多数投资者由于证券知识的缺乏，没有能力对证券市场和上市公司进行深入细致的研究，使得投资带有盲目性，不如委托专业的基金管理公司运作。

三是风险承受能力较低的证券投资者。目前活跃在证券市场中的多数是小额投资者，他们的资金如果集中购买一二只股票，则风险过于集中，如果投资过于分散，则牵扯精力过多，投资成本也将上升，得不偿失。基金则将小额资金汇聚成巨额资金，可以从容地进行组合投资，既分散了风险，又便于管理。

四是期望获取较为长期稳定的收益、不追求暴富的投资者。不同的基金，投资风格会有不同，但都推崇长期理性投资。追求超额的利润，就要承受加倍的风险。在这个证券市场中，基金代表了机构投资的主流，其投资回报率不是最高的，但会比较长期与稳定。

开放式基金的交易流程

投资人买卖开放式基金的方式与封闭式基金有很大的不同。买卖封闭式基金是通过证券交易场所进行的，买卖行为发生在基金投资人之间，而开放式基金不在交易所上市，投资人须向基金管理人申请购买或赎回基金。开放式基金是通过申购（即买）和赎回（即卖）来完成一个交易过程的。

投资人买卖开放式基金的具体程序如下。

一、阅读有关的法律文件

在购买基金之前，一项非常必要的功课就是阅读有关基金的法律文件。按照我国法律规定，各基金销售网点都会提供有关基金的招募说明书、基金契约及开户程序、交易规则等法律文件，以备投资人随时查阅。投资人购买基金前，需要认真阅读这些文件，从中了解有关基金的投资方向、投资策略、投资目标及基金管理人业绩及开户条件、具体交易规则等重要信息，对准备购买基金的风险、收益水平有一个总体评估，并据此做出投资决定。在阅读招募说明书时，投资者要从中掌握以下信息：

一是管理人要细看说明书中对基金管理公司和公司高管的情况介绍，以及拟任基金经理的专业背景和从业经验的介绍。优质专业的基金管理公司和投资研究团队是基金投资得以良好运作的保障。

二是开放式基金每六个月会更新招募说明书，其中投资业绩部分可以在一定程度上反映出基金业绩的持续性和稳定性，值得投资者好好地分析比较。

三是对投资者来说，投资风险是最需要引起重视的部分。招募说明书中会详细说明基金投资的潜在风险，一般会从市场风险、信用风险、流动性风险、管理风险等方面来做说明。明确了投资风险，投资者的投资才能变得理性。

四是投资策略是基金实现投资目标的具体计划，描述基金将如何选择以及在股票、债券和其他金融工具与产品之间进行配置。目前大多数基金均对投资组合中各类资产的配置比例做出了明确限定，这和基金投资风险是直接相关的。

五是基金涉及的费用主要有认购和申购费、赎回费、管理费和托管费等。这些在招募说明书中都会有详细列明，投资者可据此比较各个基金的费率水平。

二、开立基金账户

投资人买卖开放式基金首先要开立基金账户。按照规定，有关销售文件中对基金账户的开立条件、具体程序需予以明确。上述文件将放置于基金销售网点供投资人开立基金账户时查阅。

三、购买基金

投资人在开放式基金募集期间、基金尚未成立时购买基金单位的过程称为认购。通常认购价为基金单位面值（1元）加上一定的销售费用。投资人认购基金应在基金销售点填写认购申请书，交付认购款项，在注册登记机构办理有关手续并确认认购。

在基金成立之后，投资人通过销售机构向基金管理公司申请购买基金单位的过程称为申购。投资人申购基金时通常应填写申购申请书，交付申购款项。款额一经交付，申购申请即为有效。具体申购程序会在有关基金销售文件中详细说明。申购资金单位的数量是以申购日的基金单位资产净值为基础计算的。具体计算方法须符合监管部门有关规定的要求，并在基金销售文件中载明。

四、卖出基金

与购买基金相反，投资人卖出基金是把手中持有的基金单位按一定价格卖给基金管理人并收回现金，这一过程称为赎回。其赎回金额是以当日的单位基金资产净值为基础计算的。

投资人赎回基金通常应在基金销售点填写赎回申请书。按照《开放式证券投资基金试点办法》的规定，基金管理人应当于收到基金投资人赎回申请之日起三个工作日内，对该交易的有效性进行确认，并应当自接受基金投资人有效赎回申请之日起七个工作日内，支付赎回款项。

此外，对于开放式基金来说，投资人除了可以买卖基金单位外，还可以申请基金转换、非交易过户、红利再投资。

五、申请基金转换

基金转换，是指当一家基金管理公司同时管理多只开放式基金时，基金投资人可以将持有的一只基金转换为另一只基金。即，投资人卖出一只基金的同时，买入该基金管理公司管理的另一只基金。通常，基金转换费用非常低，甚至不收。

六、非交易过户

基金的非交易过户是指在继承、赠与、破产支付等非交易原因情况下发生的基金单位所有权转移的行为。非交易过户也需到基金的销售机构办理。

七、红利再投资

红利再投资是指基金进行现金分红时，基金持有人将分红所得的现金直接用于购买该基金，将分红转为持有基金单位。对基金管理人来说，红利再投资没有发生现金流出，因此，红利再投资通常是不收申购费用的。

开放式基金认、申购和赎回价格的计算

开放式基金的申购、赎回价格是以单位基金资产净值为基础计算出来的。单位基金资产净值，即每一基金单位代表的基金资产的净值，其计算公式如下：

单位基金资产净值 =（总资产 - 总负债）× 基金单位总数

例 1：某机关工作人员张先生投资 10 万元申购某开放式基金，对应费率为 1.5%，假设申购当日基金单位资产净值为 1.0152 元，则其可得到的申购份额如下：

净申购金额 =100 000 ÷（1+1.5%）=98 522.167 5 元。

申购费用 =100 000–98 522.167 5=1 477.832 5 元。

申购份额 =98 522.167 5 ÷ 1.015 2=97 047.052 3 份。

即：张先生投资 10 万元申购某开放式基金，假设申购当日基金单位资产净值为 1.015 2 元，则可得到 97 047.052 3 份基金单位。

例 2：某投资者投资 100 万元申购某开放式基金，对应费率为 1.3%，假设申购当日基金单位资产净值也是 1.016 8 元，则其可得到的申购份额为：

净申购金额 =1 000 000 ÷（1+1.3%）=987 166.831 2 元。

申购费用 =1 000 000−987 166.831 2=12 833.168 8 元。

申购份额 =987 166.831 2 ÷ 1.016 8=970 856.442 9 份。

即：投资者投资 100 万元申购某开放式基金，假设申购当日基金单位资产净值是 1.016 8 元，则可得到 970 856.442 9 份基金单位。

例 3：某投资者有 100 万元用来认购开放式基金，假定认购的费率为 1%，基金份额面值为 1 元，其公式是：

认购费用＝ 100 万元 ×1%＝ 1 万元。

净认购金额＝ 100 万元 −1 万元＝ 99 万元。

认购份额＝ 99 万元 ÷1.00 元＝ 99 万份。

例 4：某投资者有 100 万元用来申购开放式基金，假定申购的费率为 2%，单位基金净值为 1.5 元，其公式是：

申购费用＝ 100 万元 ×2%＝ 2 万元。

净申购金额＝ 100 万元 −2 万元＝ 98 万元。

申购份额＝ 98 万元 ÷1.50 元＝ 653 333.33 份。

关于赎回价格的计算，可以通过下面的例子来计算。

如：某投资者要赎回 100 万份基金单位，假定赎回的费率为 1%，单位基金净值为 1.5 元，其公式是：

赎回价格＝ 1.5 元 ×（1−1%）＝ 1.485 元。

赎回金额＝100 万 ×1.485 ＝ 148.5 万元。

开放式基金的转托管、转换和红利再投资

一、开放式基金的转托管

一般来说，投资者在以下两种情况下需要办理转托管业务：一是投资者想把其持有的全部或部分基金份额从某一销售机构交易账户转出并转入其在另一销售机构交易账户；二是投资者在某基金直销中心开设了多个交易账户，想在多个交易账户之间进行互转。

系统内转托管指投资者将托管在某证券经营机构的上市开放式基金份额转托管到其他证券经营机构，或将托管在某基金管理人或其代销机构的上市开放式基金份额转托管到其他代销机构或基金管理人。

跨系统转托管指投资者将托管在某证券经营机构的上市开放式基金份额转托管到某基金管理人或代销机构，或将托管在某基金管理人或其代销机构的上市开放式基金份额转托管到某证券经营机构。

投资者办理转托管业务前，首先确定在转入方已成功开立了交易账户，之后通过柜台、网上、电话或传真方式在转出方提交转托管申请办理转出。转托管业务 T+2 日（工作日）确认，投资者到时应及时查询。

二、开放式基金的转换

开放式基金的转换是指投资者在持有本公司发行的任一开放式基金后，可直接自由转换到本公司管理的其他开放式基金，而不需要先赎回已持有的基金单位再申购目标基金。

基金管理人可以对基金账户在销售机构托管的每只基金份额类别的最

低持有份额进行规定。如投资者办理基金转换后该基金份额类别的份额余额低于基金管理人规定的最低余额，基金管理人有权将该基金份额类别的余额部分强制赎回。

当发生巨额赎回时，基金转出与基金赎回具有相同的优先级，基金管理人可根据基金资产组合情况，决定全额转出或部分转出，并且对于基金转出和基金赎回，将采取相同的比例进行确认；在转出申请得到部分确认的情况下，未确认的转出申请将不予以顺延。

基金注册与过户登记人以申请有效日为基金转换日（T日），以T日的转出基金份额净值为基础，扣除转换费用后计算转出金额，同时，以T日转入基金的份额净值为基础，计算转入份额；投资者T日转换成功后，正常情况下，基金注册登记人于T+1日为投资者的转出及转入基金份额分别进行权益扣除和权益增加，转入的基金份额于T+2日可赎回。

基金转出份额的持有时间在基金转入份额中顺延计算，即转入份额的份额注册日期与转出份额所记录的一致。

基金转换对份额明细的处理原则为“先进先出”原则，即份额注册日期在前的先转换出，份额注册日期在后的后转换出。

三、开放式基金的红利再投资

开放式基金的红利再投资指的是将基金分红所得的红利，按照权益登记日的净值，直接用于申购该基金。理财专家将这一分红方式形象地比喻成“鸡生蛋，蛋生鸡”，从长期投资的回报率来看，选择红利再投资的分红方式将获得更大的预期收益。对于长期投资者而言，投资时间越长，分红频率越大，红利再投资的优势就越明显。此外，红利再投资不收取申购费用，对于增持看好的基金也很划算。

将投资者分得的现金收益再投资于基金，并折算成相应数量的基金单位，《基金契约》规定，红利再投资免收申购费。按分红日的净值折算成基金份额增加到投资者所持有的基金份额中，即将分得的红利自动进行了基金申购，但这种申购不需缴纳申购费。

LOF和ETF交易原理及投资技巧

LOF 是汉语“上市型开放式基金”的英文简称；ETF 是汉语“交易型开放式指数基金”的英文简称。两者各自优势以及它们的交易原理和套利技巧各有不同。

一、上市型开放式基金的交易原理和套利技巧

上市型开放式基金主要特点有三：

一是上市型开放式基金本质上仍是开放式基金，基金份额总额不固定，基金份额可以在基金合同约定的时间和场所申购、赎回。

二是上市型开放式基金的发售结合了银行等代销机构与深交所交易网络二者的销售优势。银行等代销机构网点仍沿用现行的营业柜台销售方式，深交所交易系统则采用通行的新股上网定价发行方式。

三是上市型开放式基金获准在深交所上市交易后，投资者既可以选择在银行等代销机构按当日收市的基金份额净值申购、赎回基金份额，也可以选择在深交所各会员证券营业部按撮合成交价买卖基金份额。

上市型开放式基金是既可以在场外市场进行基金份额申购赎回，又可以在交易所（场内市场）进行基金份额交易的开放式基金。与交易型开放式指数基金不同的是，上市型开放式基金的申购、赎回都是基金份额与现金的交易，可在代销网点进行；而交易型开放式指数基金的申购、赎回则是基金份额与一揽子股票的交易，必须通过交易所进行。

二、交易型开放式指数基金的交易原理和套利技巧

上市型开放式基金最大的亮点在于其可以跨市场套利。和交易型开放式指数基金一样，上市型开放式基金也存在一级市场和二级市场，也可以像开放式基金一样通过基金发起人、管理人、银行及其他代销机构网点进行申购和赎回。同时，也可以像封闭式基金那样通过交易所的系统买卖。

由于上述两种交易方式并存，基金的申购和赎回价格取决于基金单位资产净值，而市场交易价格由系统撮合形成，主要由市场供需决定，两者之间很可能存在一定程度的偏离，当这种偏离足以抵消交易成本的时候，就存在理论上的套利机会。通常，投资者可以通过在二级市场上买入上市型开放式基金，并在一级市场上赎回上市型开放式基金，从而在两个市场上获得套利收益。

要想实现此套利，这两次交易最好是同时进行。但按照深交所公布的上市型开放式基金规则规定："登记在证券登记结算系统中的基金份额只能在本所交易，不能直接申请赎回；登记在注册登记系统中的基金份额只能申请赎回，不能直接在本所交易。"意思是，上市型开放式基金不能在一、二级市场之间迅速转换，必须进行转托管。转托管的时间为两个交易日，即目前的上市型开放式基金套利全过程的完成需要三个交易日，而不能在一个交易日完成套利的整个过程。

如果基金单位净值在两个交易日内出现下跌，则投资者不仅不能实现套利，反而会出现损失。因此，这种套利通常只是对资金量较大的机构投资者有利，一般的中小投资者很难从中获得显著的套利收益。

交易型开放式指数基金管理的资产是一揽子股票组合，这一组合中的股票种类与某一特定指数，如上证 50 指数包含的成分股票相同，每只股票的数量与该指数的成分股构成比例一致。

交易型开放式指数基金的投资组合通常完全复制标的指数，其净值表现与盯住的特定指数高度一致。比如上证50交易型开放式指数基金的净值表现就与上证50指数的涨跌高度一致。与一般的基金相比，交易型开放式指数基金有以下优点，如分散投资、降低投资风险等。投资者购买一个基金单位的华夏上证50交易型开放式指数基金，等于按权重购买了上证50指数的所有股票。

对普通投资者而言，交易型开放式指数基金也可以像普通股票一样，在被拆分成更小交易单位后，在交易所二级市场进行买卖。

投资交易型开放式指数基金，赚了指数就赚钱，投资者不用研究个股和担心踩上地雷股，但由于我国证券市场目前不存在做空机制，因此目前仍是“指数跌了就要赔钱”。

与封闭式基金相比，交易型开放式指数基金透明度更高。由于投资者可以连续申购、赎回，要求基金管理人公布净值和投资组合的频率相应加快。同时，由于有连续申购、赎回机制的存在，交易型开放式指数基金的净值与市价从理论上讲不会存在太大的折价、溢价。

与开放式基金相比，一般开放式基金每天只能开放一次，投资者每天只有一次交易机会（即申购赎回）；而交易型开放式指数基金在交易所上市，一天中可以随时交易，具有交易的便利性。同时，开放式基金往往需要保留一定的现金应付赎回，而交易型开放式指数基金赎回时是交付一揽子股票，无须保留现金，方便管理人操作，可提高基金投资的管理效率。当开放式基金的投资者赎回基金份额时，常常迫使基金管理人不停地调整投资组合，由此产生的税收和一些投资机会的损失都由那些没有要求赎回的长期投资者承担；而交易型开放式指数基金即使部分投资者赎回，对长期投资者也并无多大影响（因为赎回的是股票）。

交易型开放式指数基金在交易所交易的费用不高于封闭式基金的费

用，这就远比现在的开放式基金申购赎回费低，给普通投资者提供了一个当天套利的机会。

例如，上证50在一个交易日内出现大幅波动，当日盘中涨幅一度超过5%，而收市却平收甚至下跌。对于普通开放式指数基金的投资者而言，当日盘中涨幅再大都没有意义，赎回价只能根据收盘价来计算。而交易型开放式指数基金的特点就可以帮助投资者抓住盘中上涨的机会，由于交易所每15秒钟显示一次IOPV（净值估值），这个IOPV即时反映了指数涨跌带来的基金净值的变化，交易型开放式指数基金的二级市场价格也随IOPV的变化而变化，因此，投资者可在盘中指数上涨时在二级市场及时抛出交易型开放式指数基金，以获取指数当日盘中上涨带来的收益。

交易型开放式指数基金成立后，将在交易所上市，投资者可以在二级市场进行交易型开放式指数基金基金份额的买卖。

投资者可以通过参与券商，根据基金管理人每个交易日开市前公布的申购赎回清单（股票篮清单+部分现金零头），用股票篮加部分现金申购或赎回交易型开放式指数基金。

开放式基金封闭期的概念

买过开放式基金的投资者一般都听说过开放式基金有一个封闭期，那么封闭期到底是怎么回事？它又有什么作用呢？

从开放式基金募集资金到进行投资的过程来看，经历了三个期间：募集期、封闭期和正常申购赎回期，在这三个期间内投资者买卖基金份额的情况各不相同。

首先是募集期。在此期间内，基金管理公司通过公司的直销机构或者银行等代销机构向投资者销售基金来募集资金，投资者在这个阶段只能买入，而不能卖出基金份额，买入的价格是份额净值（1元），买入基金份额的费用称为认购费。由于近年来开放式基金销售的持续火暴，为避免募集的资金量过大而引起投资上的不便，基金一般规定一定的募集份额限制（如100亿），超过的部分不予确认，而且监管部门日前发布通知要求新基金的认购申请超出既定限额的时候实行按比例配售的方式。

募集期结束，就进入封闭期了。这时，基金合同已经生效，但在封闭期中，基金不接受投资者申购或赎回基金份额的请求，这段时间内投资者既不能买入也不能卖出基金份额。从现实的情况来看，许多基金在封闭期的后期先开放申购，也就是说，在这一阶段，投资者可以根据基金资产净值申购基金，但不能将持有的基金份额赎回变现。根据《证券投资基金法》的规定，基金的封闭期不得超过三个月。

封闭期结束，基金可以同时接受申购与赎回，这就进入了正常申购赎回期。投资者可以根据开放式基金每天的份额净值进行基金的申购和赎回。

设定“封闭期”的目的有两个：一个是为了方便基金的后台（登记注册中心）为日常申购、赎回做好最充分的准备；另一方面，基金管理人可将募集来的资金根据证券市场状况完成初步的投资安排。

因为新设立的基金需有一段相对较长的期间逐步依市场状况完成持股的布局，所以基金合同中一般都设有封闭期的规定。根据我国《证券投资基金运作管理办法》规定，开放式基金成立后的封闭期不得超过3个月。

基金的封闭期如果过短，会出现基金尚未完成布局即必须应付赎回的问题，这样会影响基金单位净值及投资者的权益，所以封闭期过短可能相对风险较大。基金投资应以长期为宜，投资者不应以封闭期的长短作为选择基金的标准。

在认购期内，投资者的资金将计算相应利息并转换为基金份额。而进入封闭期后，投资者的认购资金已经转换为基金份额，基金份额不再计息，由于基金已经开始投资运作，因此可能会产生投资收益。投资者可以通过查询基金份额净值来了解。

开放式基金的选择

在面对开放式基金的时候，具体说来，投资者在选择时应该考虑以下几点：

一、选出适合自己的投资基金

投资者应该在已发行的基金中选出适合自己的投资基金，这是投资的第一步。一般来说，收益型基金风险相对较小，平衡型基金风险居中，成长型基金风险较大。投资者应该根据自己对风险的承受能力进行慎重选择。此外，还应该将相同类型的基金加以比较，并重点关注基金管理人的投资能力，看看基金过往是否一直保持良好的业绩。因为基金管理人是决定基金业绩的重要因素，选择了素质高的基金管理人就等于成功了一半。

第二步要看基金的投资目标是否与投资者自己的投资目标相符。例如：每个人的投资目标跟年龄、收入、家庭状况等因素有很大的关系（一般而言）。年纪轻时适合选择风险高、收益高的基金，而即将退休时适合选择风险较低、收益稳定的基金。

二、千万不要“追涨杀跌”

一般来说，投资期限越长，投资者越不用担心基金价格的短期波动，从而可以选择投资较为积极的基金品种。如果投资者的投资期限较短，则应该尽量考虑一些风险较低的基金。

在具体操作上，投资者应该从证券市场波动、经济周期和国家宏观经济政策中寻找买卖基金的时机。比如，可以选择股市或经济处于波动周期的低迷时期买进基金，而在高峰时卖出基金；千万不要“追涨杀跌”，即不在大涨之后买进，不在大跌之后卖出。

为规避风险，应该采取平均投资策略，常用的方法有“成本平均法”。所谓“成本平均法”，是指每隔相同的一段时间，就购买相同金额的基金。比如，每季度买1000元的基金，当基金价格低时可以多买一些份额，反之，基金价格高时，少买一些份额。实践证明，运用平均投资策略，是规避投资风险、提高收益的一种行之有效的好方法。

三、清楚自身抗风险的能力

一般来说，高风险投资的回报潜力也较高。然而，如果投资者对市场的短期波动较为敏感，便应该考虑投资一些风险较低、收益较为稳定的基金，假使投资者的投资取向较为进取，并不介意市场的短期波动，同时希望赚取较高的回报，那么一些较高风险的基金或许更加符合投资者的需要。

如果投资者能使用以上的评估要点对市场上的各只基金进行仔细地比较，相信投资者一定能从数量众多的基金当中挑选出最适合自己的基金。

封闭式基金的折价

封闭式基金因在交易所上市，其买卖价格受市场供求关系影响较大。当市场供小于求时，基金单位买卖价格可能高于每份基金单位资产净值，这时投资者拥有的基金资产就会增加，即产生溢价；当市场供大于求时，基金价格则可能低于每份基金单位资产净值，即产生折价。对同一只基金来说，当然是在折价率高时买入好。但挑选基金不能只看折价率，而是要挑选一些折价率适中，到期时间较短的中小盘基金。

按国内和国外的经验来看，封闭式基金交易的价格存在折价是一种很正常的情况。折价幅度的大小会影响到封闭式基金的投资价值。除了投资目标和管理水平外，折价率是评估封闭式基金的一个重要因素，对投资者来说高折价率存在一定的投资机会。

无疑，封闭式基金高折价现象的存在是吸引很多投资者的一个重要因素。如果一只基金折价率达到 40%，就等于投资者可以花 0.6 元钱买到价值 1 元钱的东西。假如这 1 元钱的价值能在最后得到体现，则相当于投资收益率为 66.7%。

当然，折价率是动态的，封闭式基金的折价每天都会变化。因此，折价带来的投资机会也是变化着的。

基金投资者的投资收益来源于两个部分，一是资本利得（即买卖价差收入），二是分红收入。基金分红，是把基金投资获利的一部分先拿出来分配，分红以后，基金的净值会按分红金额同步下降。

《证券投资基金运作管理办法》第三十五条规定：封闭式基金的收益分配，每年不得少于一次；封闭式基金年度收益分配比例不得低于基金年度已实现收益的 90%。

封闭式基金分红的诱人之处在于，这种分红极有可能出现一个套利的机会。从历年封闭式基金的走势来看，每次分红都会带来一波上涨行情。

这个套利机会同样来源于它的高折价率，因为分红将再度提高现有的折价水平。封闭式基金的分红采取现金分红方式，由于现金分红部分是不会打折的，在市场不发生变化的情况下折价的绝对数额不变，而基金的净值和价格同步下降，因此折价率就会上升。举例来说，某封闭式基金净值 2.00 元，市场价格 1.80 元，其折价金额为 0.20 元，折价率为 10%。如分红 1 元，则其净值变为 1 元，除权后市场价格为 0.8 元，则折价率变为 0.20 × 1=20%，显然折价率将随着分红得到明显提升。

封闭式基金的交易流程

封闭式基金，是相对于开放式基金而言的，是指基金的发起人在设立基金时，限定了基金单位的发行总额，筹足总额后，基金即宣告成立，并进行封闭，在一定时期内不再接受新的投资。基金单位的流通采取在证券交易所上市的办法，投资者日后买卖基金单位，都必须通过证券经纪商在二级市场上进行竞价交易。

封闭式基金在一段时间内不允许再接受新的入股，直到新一轮的开放，开放的时候可以决定投资者提出多少或者再投入多少，新人也可以在这个时候入股。一般开放时间是 1 周，而封闭时间是 1 年。基金是一种间接的证券投资方式。基金管理公司通过发行基金单位，集中投资者的资金，由基金托管人（即具有资格的银行）托管，由基金管理人管理和运用资金，从事股票、债券等金融工具的投资，然后共担投资风险并分享收益。

封闭式基金基金的发起人在设立基金时，必须通过券商在二级市场上进行竞价交易。在我国，封闭式基金的出现要早于开放式基金。由于封闭式基金是通过证券交易所进行买卖的，因此投资者想要交易封闭式基金必须遵循相关的交易流程。

一、选择证券公司

投资者应当选择那些信誉可靠、取得证券交易所席位的证券公司。同时还要考虑该公司业务状况、工作人员的办事效率、交易设施以及渠道是否完备便捷、费率是否合理等。

二、在证券公司开立账户

以个人身份开户，就必须带上身份证；如果是以公司或企业的身份开户，则必须带上公司的营业执照副本、法人证明书、法人授权委托书和经办人身份证。

在开始买卖封闭式基金之前，要到投资者所选定的证券公司指定的有协作关系或联网的银行办理银行卡，并开通银证转账。存入现金，然后到证券营业部将存折里的钱转到保证金账户里。再签订委托协议，取得沪深两市股东席位，获得相关密码和资料。

三、实时交易

在这之后，可以通过证券营业部委托申报或通过无形报盘、电话委托申报买入和卖出基金单位；也可以回家在专用电脑上登录证券公司网站下载交易软件，按提示进行注册，并修改和设定相关密码。做好相关数据的记录后，在家里自己操作买卖封闭式基金。

需要注意的是，股票账户可以用于买卖封闭式基金，但基金账户不可以用来买卖股票，只能用来买卖开放式基金和国债。

目前，我国封闭式基金交易佣金为成交金额的0.25%，不足5元的按5元收取。除此之外，上海证券交易所还按成交面值的0.05%收取登记过户费，由证券公司向投资者收取。该项费用由证券登记公司与证券公司平分。此外，当前在深、沪证券交易所上市的封闭式基金不收取印花税。

选择购买封闭式基金的技巧

选择封闭式基金要把握以下要点：

一、选择市净率上升空间相对较高的品种

专家经过统计发现，在较长的一段时期内，封闭式基金的市净率和其规模有着较强的负相关关系。而在同规模基金中，不同基金的市净率也保持着一个比较稳定的相对强弱关系。因此投资者在以市净率为依据选择基金时，需要考虑的是该基金市净率的相对上升空间，而非折价情况。

二、选择有中期分红可能的基金

根据相关基金管理条例，基金分红后单位净值不得低于面值。此外，基金在分红时必须先弥补上一年度亏损，这些单位净值大于 1.05 元的基金也须全部符合该项条件。

三、选择净值运营较好的基金

从市场运行形势以及市场运行的规则来看，强者越强的趋势在短期内应该不会有大的改变，因此在同样的情况下，投资者选择基金时有必要优先考虑那些单位净值增长良好的基金。

购买封闭式基金要有长远眼光。从目前来说，“封转开”是封闭式基金的最大题材。由于封闭式基金的交易价格和净值之间存在较大折价，因此“封转开”理论上存在较大套利空间。

“封转开”是目前封闭式基金最大的题材，投资者购买封闭式基金基

本上都是奔着这一题材而来的，或通过市场对这个题材的炒作赚取差价，或等其“封转开”时套现赚取收益。但在人们把目光都集中在“封转开”上的时候，封闭式基金还值得投资吗？这确实是一个需要认真思考的问题，而编者的回答是肯定的。

但购买封闭式基金需要讲究投资技巧，特别是需要有点中长线的目光。购买封闭式基金不能太近视。目前封闭式基金的折价情况是，基金存续期越靠前到期的，其折价率就越低；存续期越长的，折价率就越高。如果投资者太短视的话，折价率不仅不能保证投资者届时有钱可赚，相反还丢失了其他的赚钱机会。而那些折价率较低的一些大盘基金，其到期的期限还有五六年甚至七八年，不仅投资者难有这样的耐心，而且这中间的不确定性也很多，投资者同样不宜长期持有。

一般来讲，购买存续期在一年左右的封闭式基金应该是比较合适的。目前这类基金的折价率也比较合理。如果股市能够在这一年之中保持相对稳定或稳中有升，则投资者至少可以赚取现有折价率的无风险收益，而且这样的收益率应该还是很可观的。退一步讲，就算大盘下跌了现有折价率，投资者通过购买封闭式基金也相当于回避了股市下跌的风险，这也是一件很不错的事情。因此，面对这样的投资，我们能说不值吗？

封闭式基金的投资策略

封闭式基金净值普涨，将增加封闭式基金的投资价值。与此同时，封闭式基金的高折价率也为封闭式基金带来极大的市场潜力和机会。

投资者在投资封闭式基金时，需要掌握以下一些投资策略：

一、全面论证

首先要看清自己的资金性质，究竟能够做长线还是只能做短线，从而明确自己的投资目标：究竟准备采取持有到期策略，还是只为赚取二级市场差价。做长线无疑要更有耐心，要做好承受市场波动的心理准备，同时也要充分考虑到是否有性质合适的资金进行长线运作，并充分考虑长线运作带来的资金成本。而做短线则要尽量把握合适的买点，最好以波段操作为主；如果实在要追高，也不要一次把资金全部投入，而是应当分波次介入，只有在第一次投入的资金赢利之后才能继续追加投入，同时要设好止损点。

其次要选择合适的投资对象。中长线投资者可以更为关注折价率较高的中大盘封闭式基金，而短线投资者则可以更多关注某些到期时间较早的基金是否会出现爆发性机会，此外，持仓结构中权证概念股比重较高的基金也值得关注，其净值在短期内可能会有不错的表现。

最后，投资者应注意控制潜在的风险。从具体操作上讲，投资者可以构造多只基金的组合，这样会降低博取超额收益的概率，但同时也可以有效地分散风险。

二、注意关注高折价率的基金

因为封闭转开放以后，基金的价格将回归其价值，基金的投资收益率将在很大程度上取决于其折价率，折价率越大的基金，价值回归的空间也越大。

三、重点关注年底未分红的封闭式基金

要重点关注年底未分红的封闭式基金，择机增持其中可分配利润份额及收益率较高、业绩稳定的基金。

四、市场表现和未来发展趋势

关注基金重仓股的市场表现和股市未来发展趋势。同样是因为封闭转开放以后，基金的价格将向其价值回归的原因基金的未来涨升空间将和基金重仓股的市场表现存在一定的关联，如果未来市场行情继续向好，基金重仓股涨势良好将会带动基金的净值有继续增长的可能，并使得基金更具有投资价值。

五、关注起伏变化

注意选择高折价基金，相对而言，折价率较大的基金比折价率低的基金更有投资价值。基金的投资收益率将在很大程度上取决于其折价率，折价率越大的基金，价值回归的空间也越大。

关注严重超跌的基金，以及价格严重背离价值的、有强烈补涨要求的基金品种，这类基金非常适合稳健型投资者参与。

关注基金中的龙头品种。由于基金品种不多，所以基金相互之间联动性较好，崛起的龙头型基金往往能有效带动其他基金的跟风。而且，龙头基金的行情持续时间比其他基金长，获利也比较丰厚。

六、注意获利了结

投资封闭式基金要克服暴利思维，如果基金出现快速上涨行情，要注意获利了结。按照目前的折价率进行计算，如果封闭式转开放的话，其未来的理论上升空间应该在22%至30%，当基金上涨幅度过大，接近或到达理论涨幅时，投资者要注意获利了结。

封闭式基金的到期处理与收益

封闭式基金到期有以下几种处理方式：

一是到期清算。即基金公司跟持有人一拍两散，把基金的资产全部变现以后还给持有人。

二是“封转开”。“封转开”是指即将到期的封闭式基金在征得基金持有人同意后，基金运作方式由封闭式转为开放式，基金合同也相应改变。

封闭式基金一般都有存续期，比如 15 年。这一点与开放式基金不同，后者一般是永久存续的，没有到期的问题。按照基金契约，到期后基金应该清算，投资者拿回基金净值，基金结束。而前面说的 0.6 元钱是基金的交易价格，一元钱正是基金的净值。封闭式基金到期清算时，将按照基金的净值进行清算。

但是，大部分基金管理公司并不愿意就此让一个基金结束，因此“封转开”成了绝大多数封闭式基金的选择。把封闭式基金转型为开放式基金，让基金可以继续存在，这就叫“到期封转开”。54 只封闭式基金中有 28 只基金在 2009 年年底之前存续期满，其中一半基金的存续期都在 365 天以内。其中有几只封闭式基金已经在 2010 年初实行了“封转开”，还有多只基金正处于“封转开”的进程中。

利用“封转开”可以实现无风险收益，假设现在的折价率是 15%，到“封转开”时假设基金净值增长了 5%，则投资者可得到 20%的收益增长；如净值的跌幅低于 15%，则投资者仍然可以实现收益；只有当净值的跌幅超过 15%时，投资者才遭受亏损。但是在上升的市场中，出现这种情况的概率是非常小的。

因此，即将到期或公布即将实施“封转开”的基金，有较高的投资价值，且风险相对较低，投资者应该选择那些目前折价率较高而且基金公司有较强管理能力的基金，以获得更高的无风险收益。

另外，关于封闭式基金的到期处理与收益还有一些不同于传统的其他解决方法，例如：继续存续，修改基金契约，延长基金的到期期限；转换为新的封闭式基金，持有人可以选择转换为新的封闭式基金，也可以选择退出；转换为上市开放式基金的上市部分，上市开放式基金的一部分在交易所上市，像封闭式基金，另外一部分像开放式基金一样申购赎回，两部分可以互相转换，等等。

封闭式基金的到期套利和分红套利

封闭式基金的到期套利和分红套利有以下几种处理方式：

一是“封转开”套利。由于在交易所交易，封闭式基金的交易价往往与基金净值不一致。交易价高于基金净值时为溢价，低于基金净值时为折价。国内的封闭式基金大都为折价交易，幅度大小用折价率表示，由于折价交易，一旦“封转开”，将为投资者带来套利机会。

国内的封闭式基金中，有数十只基金已经由封闭式基金转换为开放式基金，转型后的基金将按净值进行申购和赎回，这样基金净值和交易价格之间的差额就可变为收益，从而完成套利过程。

由于投资者对“封转开”套利的追捧，基金往往在实施“封转开”停牌前有大幅上涨，基金价格迅速向净值靠拢，提前实现了“封转开”的套利收益。

从 2007 年到期的小盘封闭式基金折价情况看，到期时间越短的基金折价率越小，上半年到期基金的折价率在 10%以下，而下半年到期的基金的折价率平均在 10%以上，可见仍存在较大的套利空间，折算成年收益率还是相当高的。

总体上看，小盘封闭式基金的“封转开”套利操作，能为投资者带来较高的可预见性收益，但在操作中仍应注意对其中包含的风险因素有所认识。封闭式基金“封转开”的操作时间较长，在此期间，基金净值在不停地随市场波动，如果基金净值发生损失，将减小套利收益。

二是封闭式基金的分红套利。《证券投资基金运作管理办法》第三十五条规定：封闭式基金的收益分配，每年不得少于一次，封闭式基金年度收益分配比例不得低于基金年度已实现收益的90%。

封闭式基金分红的诱人之处在于，这种分红可能出现一个套利的机会。从历年封闭式基金的走势来看，每次分红都会带来一波上涨行情。

这个套利机会同样来源于它的高折价率，因为分红将再度提高现有的折价水平。封闭式基金的分红采取现金分红方式，由于现金分红部分是不会打折的，在市场不发生变化的情况下折价的绝对数额不变，而基金的净值和价格同步下降，因此折价率就会上升。

举个例子来说，某封闭式基金净值2.00元，市场价格1.80元，其折价金额为0.20元、折价率为10%。如分红1元，则其净值变为1元、除权后市场价格为0.8元，则折价率变为0.20×1=20%，显然折价率将随着分红得到明显提升。

实行“封转开”的时候，将会产生投资机会。在实施“封转开”以前，一般都会有一个停牌复牌的过程，基金价格往往会飞涨以消除折价率。已经“封转开”的基金在这个过程中会出现暴涨，折价率也会迅速归零。净值回归，折价归零，这就是“封转开”带来的投资机会。

投资封闭式基金的两大切入点

封闭式基金是一种适合稳健型投资者的理财产品。由于其交易价格长期低于净值而逐步走向边缘化，但后来封闭式基金在高折价、净值增长、到期概念、分红预期等动力驱动下一路高歌猛进，使其投资价值逐步得到了投资者的认同。

虽然历史数据表明封闭式基金净值与大盘基本同步，但是其基金净值表现明显超过大盘。随着全流通时代的到来，这一趋势和优势将愈来愈明显。

其次，封闭式基金的估值水平仍然偏低，反弹要求交易价格向净值回归。截至 2005 年春节前，封闭式基金加权平均折价率为 37.03%，仍处在绝对高折价区域；扣除基金资产中现金与债券部分后计算持仓股票的内在折价率，其平均水平有所下降，但还有半数基金的该指标在 50%以上，理论上还是相当于以五折的价格购买其持仓股票。而擅长挖掘估值偏低品种的 QFII、社保等机构投资者对封闭式基金的介入程度正在不断加深，也说明其对封闭式基金前景的看好。

最后，到期套利与制度创新题材是未来几年保持高度活跃的重要题材。封闭式基金到期后，无论是清算还是进行制度创新“封转开”，都能为投资者提供较大的套利机会。

由于前期封闭式基金普遍涨幅较大，未来封闭式基金净值增长与相对估值水平更多是取决于 A 股走势。假设上述两个因素不变，我们引入“内部收益率”指标，该指标即是假设基金净值不变时持有基金到期的投资收益。那么，未来封闭式基金到期选择的方案不同，投资者超额收益水平也将有一定区别。

一般封闭式基金到期有三种选择，即展期或扩募、清算和封闭转开放。展期或扩募对市场基本没有冲击，但是由于到期方案必须要召开持有人大会进行审议，在封闭式基金长期高折价下展期或扩募最不符合持有人的利益，这一方案实施的可能性最小。目前可能性较大的是到期清算和“封转开”两种方案。在到期清算情况下，基金管理公司须提前进入清算状态，根据国际平均水平，到期清算成本在5%左右，因此投资者所获超额收益水平为理论内部收益率扣除清算成本部分。而且“封转开”情况下，在方案实施的过程中，二级市场交易价格已经基本向净值回归，转为开放式基金后，赎回套利空间已相对较小，与其他开放式基金一样仅保持相对固定的赎回比例，对市场的冲击力度也较小，投资者所获的超额收益率水平与理论内部收益率相差无几。

在“封转开”情况下，方案实施的时点不同，对投资者超额收益的影响也不同。分析表明，美国封闭式基金实施“封转开”时，持有基金的折价与内部收益成正相关。但是没有“封转开”预期的高折价基金，其折价与内部收益没有明显的关系。联系到我国封闭式基金“封转开”下的套利机会，可见方案实施的时点不同，具体基金品种的套利空间则不同，投资者所获的超额收益亦不同。

如果方案是在到期日前提前进行“封转开”，那么基金到期日的远近就无关紧要，投资高折价的大盘基金获利空间就较大；如果方案是到期才进行“封转开”，则只有到期日近的小盘基金能够在较短时间内实现超额收益，到期日远的大盘基金只能在类似效应下，寻求二级市场交易价格的反弹机会。2011年大盘封闭式基金折价率普遍在40%以上，一旦有“封转开”方案的出台，高折价基金的回归之路将加速，投资者有望获得超过理论内部收益的超额收益。

因为每年春节后封闭式基金将更加活跃，投资机会将更多，因此建议投资者此时进行封闭式基金投资时，抓住以上两大切入点，即在关注净值增长潜力的同时，兼顾折价率水平，从而获取较高的超额收益。

小盘封闭式基金的投资策略

多数大盘封闭式基金的折价率不很理想，虽然还有价值回归的要求，但驱动因素已有所减弱，而中小盘基金由于配置灵活，捕捉市场热点的能力较强，因而其绩效的提高将更为明显。在基金资产配置方面，建议可增持中小盘成长型基金及临近到期日的中小盘封闭式基金。

抓住小盘封闭式基金频繁折价的大好时机实施中期理财计划，曾一度成为理财市场的热点。

注意选择小盘封闭式基金，特别是要注意小盘封闭式基金的持有人结构和10大持有人所占的份额。如果基金的流通市值非常小，而且持有人非常分散，则极有可能出现部分主力为了争夺提议表决权，进行大肆收购，导致基金价格出现急速上升，从而为投资者带来短线快速赢利的机会。

某国有大型银行客户经理介绍，许多客户的资金闲置时间主要集中在半年左右，这些客户一般难以预计一年以后这些资金是否派得上用场。而银行现有的半年至一年期的理财产品的收益率不够高，客户非常期望能够找到其他投资渠道。

在基金理财市场上，小盘封闭式基金值得中期理财投资者的关注。和其他中期理财产品相比，投资小盘封闭式基金半年到一年的收益变动范围大，如果股市不出现暴跌行情，小盘封闭式基金的收益率会明显高于相同期限的其他理财产品。

然而，在投资小盘封闭式基金要小心选择购买时点，比如投资者在某年8月中旬至9月中旬大盘处在1200点左右的高位时投资小盘封闭式基金，后来三个月过去了，大多数小盘封闭式基金的价格并没有明显提高，甚至有一些出现了小幅下跌。

这是因为，在这段时间里，股市下跌了10%左右，小盘封闭式基金净值下降了4%左右，而在这三个月，封闭式基金折价率只降低了3%左右。因此，在股市不出现大的上涨和下跌的情况下，购买小盘封闭式基金的投资者需要持有基金半年以上才能获得比较好的收益。

此外，理财专家建议，稳健的投资者应该以获取小盘封闭式基金折价率降低带来的收益为目标，选择较好的购买时点，持有基金期限超过半年。在选择具体基金时，投资者要综合考虑小盘封闭式基金的业绩、折价率和投资风格。在投资规模上，由于目前小盘封闭式基金的成交量不是很大，比较适合投资规模在20万以下的中小投资者。

封闭式基金的行情风险及套利模式

封闭式基金的阶段性独立行情由来已久，在大盘波澜不兴的情况下，游资经常会热炒一下基金，而2008年的每一次支撑行情的理由都莫过于诸如“到期清算”和“封转开”的传闻。尽管管理层、基金公司、保险公司等利益相关方就如何平稳过渡对“封转开”曾做出了较多方案，但由于涉及市场承受力和维护基金业的稳定，管理层迟迟不予决定，因此每次行情几乎都短暂地草草收场，而其最大持有人保险公司继续深套其中。

即使封闭式基金行情持续时间较长，投资者也应保持一定的风险意识。首先，在当前股权分置改革的背景下，市场稳定将压倒一切，虽然深交所曾表示可利用上市开放式基金交易系统为封闭式基金提供“封转开”的技术支持平台，但在目前市况下立即推出的可能性较小。其次，在此轮行情中，“封转开”最积极的支持者——保险公司并没有表示出多少热情，显示其仍然对政策面的立即改观持怀疑态度。此外，尽管基金公司、保险公司、券商推出了一个又一个代表各自利益的“封转开”方案，但大多处于朦胧之中，其可行性仍需得到进一步论证。

有的封闭式基金认沽方案认为，认沽权证的价格会高于其实际价值（基金价格和基金净值之差），因此可弥补基金持有人的损失，因而持有人行权的可能性大大降低。事实上，只要权证数量不变，基金折价现象存在，持有人一定会在到期日行权，因此封闭式基金仍然会面临一个到期清算和“封转开”的问题。

如同任何一个市场一样，封闭式基金市场真正的出路还是在于内在投资价值的提升。基金公司停止通过封闭式基金进行利益输送行为、增加固定收益品种的投资标的转型、定期实施分红等都是封闭式基金降低折价率和提升业绩的良好选择。虽然大、中盘封闭式基金仍然保持着领涨的势头，不过，我们还是提请投资者密切关注政策面，注意短期的市场风险。倘若真的有封闭式基金改为“T+0”交易的政策措施出台，则可在一定程度上提高市场的活跃度，从而有助于基金的价值回归行情延续。

在此，笔者利用预测模型预测基金组合净值的变动方向，再结合风险值实施阶段性套利，构建出以下四种针对封闭式基金折价套利的投资策略：

一、全程套利

假如我们仅为了套取封闭式基金组合的折价率空间并持有到期，则应该对基金组合净值进行全程套利。

分析显示，通过股指期货的反向对冲，套利组合的累积收益率基本上保持为一条略向上倾斜的直线，说明套利组合非常完美地完成了我们的既定目标。在累积收益率上涨时，由于我们选择的是阿尔法收益高的基金，所以在由股指期货对冲掉系统风险之外，同时也由高阿尔法获得了超额收益。

二、依据风险值进行阶段性套利

全程套利是一种最为保守的对冲策略，在此基础上，我们引入风险值模型，即在系统判断基金组合风险超过预先设定的风险值的情况下，才启动套利策略，否则只是单方面持有基金组合。

通过引入风险值模型对基金组合进行阶段性套利，累积收益取得了非常好的表现，不但套利组合及时规避了基金组合净值下跌的风险，同时在净值上涨的过程中也及时进行了股指期货的平仓，从而获得了基金组合净值上涨的收益。

三、依据预测模型进行阶段性套利

利用预测模型对基金组合的净值收益率进行滚动预测，可得到以下结论：单纯考虑技术指标的命中准确率为68.83%，同时考虑宏观因素的命中准确率为71.43%，且预测效果较好。因此，可将其作为套利保值的指标，即在预测基金组合收益率下跌时执行套利，在预测基金组合收益率上涨时单纯持有基金组合，并考察累积收益率的变动情况。这样，套利组合基本上与基金组合取得了近乎完美的累积收益，说明该模型应用在套利保值上面可以取得非常好的收益。

四、风险值加上预测模型的阶段性套利

风险值策略能够在基金组合快速下跌时及时构建出套利组合，锁定收益，但在快速上涨时也做空股指就会丧失净值上涨所带来的利润空间。

如果能够预测出基金净值的下一期走势，同时结合风险值策略，就可以判断出风险的方向。风险值策略完美地完成了预先设想的目的，在基金组合净值下跌时及时构建了套利组合，同时在大盘急速飙升的过程中准确地预测出行情的走势，避免了因为风险值过大导致的做空股指期货的误操作风险，最终取得了超过基金组合收益的结果。

比较以上四种投资策略可以发现：全程套利风险最小，但是收益率最低；风险值阶段性套利能够在控制风险的条件下分享净值上涨的好处；预测模型阶段性套利在命中率很高时能够获得与净值增长基本相同的收益，但操作成本相对较高；风险值 + 预测模型阶段性套利兼顾了收益与风险，同时操作成本较低，是一种比较理想的投资工具。

第五章　定期定投，保本增值

“股神”巴菲特说：“投资成功只需要稳健的方法及坚定的意志，并且坚持长期及分散投资，只可惜许多人的恐惧与贪婪屏蔽掉了最单纯但有效的方法与理智。”可见，巴菲特强调长期与分散化投资，指出恐惧与贪婪是最大的敌人。那么，有没有办法实现巴菲特的忠告，战胜人性的弱点呢？有，那就是基金定投。本章介绍了基金定投的优势及适合人群、基金定投应该遵循的原则及业务办理流程、基金定投的玩法，以及小心基金定投中的营销陷阱等内容。

基金定投的优势及适合人群

定期定额投资是基金申购业务的一种方式，投资者可通过基金的销售机构提交申请，约定每期扣款时间、扣款金额及扣款方式，由销售机构约定扣款日，在投资者指定资金账户内自动完成扣款及基金申购。

长期投资者适合定投，选择定投的优势如下：

一、定期投资，积少成多

投资者可能每隔一段时间都会有一些闲散资金，通过定期定额投资计划购买标的进行投资增值可以“聚沙成丘”，在不知不觉中积攒一笔不小的财富。

二、不用过多地考虑投资时点

投资的要诀就是“低买高卖”，但却很少有人在投资时能掌握到最佳的买卖点而获利。为避免这种人为的主观判断失误，投资者可通过定投计划来投资市场，不必在乎进场时点，不必在意市场价格，无须为其短期波动而改变长期投资决策。

三、平均投资，分散风险

普通投资者很难适时掌握正确的投资时点，常常可能是在市场高点买入，在市场低点卖出。而采用基金定期定额投资方式，不论市场行情如何波动，每个月固定一天定额投资基金，由银行自动扣款，自动依基金净值计算可买到的基金份额数。这样，投资者购买基金的资金是按期投入的，投资的成本也比较平均。

举例来说，若每隔两个月投资 100 元于某一只开放式基金，1 年下来共投资 6 次，总金额为 600 元。每次投资时，基金的申购价格分别为 1 元、0.95 元、0.90 元、0.92 元、1.05 元和 1.1 元，则每次可购得的份额数分别为 100 份、105.3 份、111.1 份、108.7 份、95.2 份和 90.9 份，累计份额数为 611.2 份，则平均成本为 $600 \div 611.2=0.982$ 元，而投资报酬率则为（$1.1 \times 611.2-600$）$\div 600 \times 100\% =12.05\%$，比起开始即以 1 元的申购价格投资 600 元的投资报酬率 10%为佳。

四、复利效果，长期可观

定投计划收益为复利效应，本金所产生的利息加入本金继续衍生收益，通过利滚利的效果，随着时间的推移，复利效果会越明显。定投的复利效果需要较长时间才能充分展现，因此不宜因市场短线波动而随便终止。只要长线前景好，市场短期下跌反而是累积更多便宜单位数的时机，一旦市场反弹，长期累积的单位数就可以一次获利。

由于定期定额是分批进场投资，当股市盘整或下跌的时候，由于定期定额是分批承接，因此反而可以越买越便宜，股市回升后的投资报酬率也胜过单笔投资。对于中国股市而言，长期看应是震荡上升的趋势，因此定期定额非常适合长期投资理财计划。

五、自动扣款，手续简单

定期定额投资基金只需投资者去基金代销机构办理一次性的手续，此后每期的扣款申购均自动进行，一般以月为单位，但是也有以半月、季度等其他时间限期作为定期的单位。相比而言，如果投资者自己去购买基金，就需要投资者每次都亲自到代销机构办理手续。有人将定期定额投资基金称为“懒人理财术”，这充分体现了其便利的特点。

虽然定期定额投资基金的回报率在牛市中比不上单笔投资，但在震荡的投资环境中，确实能有效降低投资组合的波动性并获得稳定的投资回报，是一种可以帮助投资者逐步完成理财目标的投资方式。运用定期定额投资方式，年轻的父母可以为子女积攒未来的教育经费，单身贵族可以为自己准备退休金，甜蜜的恋人也可以帮彼此储蓄结婚基金，辛苦的上班族更可以通过定期定额投资积累出国旅游的资金，中年人则可以为自己的养老计划存钱等。

选择定投的方式适合以下人群：

一是“月光族”。随着消费观念的改变，现代都市中出现了为数众多的“月光族”，他们每月拿到的薪水还完信用卡的透支后就所剩无几，到月底甚至要借债度日，更不要提积蓄了。随着年龄的增长，必须承担赡养父母和抚养后代的责任，早日学会投资理财势在必行。“月光族”并不是没有资本，只是每月的收入都被花光了，所以理财的关键就是要“省”。

“省”并不是单纯的只赚不花，而是指有计划的消费，在保证生活质量的前提下，最大限度控制不必要的开支。

基金的定期定额投资是适合“月光族”的投资品种，每月投入固定的金额且投资门槛很低，通常只要 500 元就可以投资基金。定期定额投资基金具有不必费心选择进场时机和充分运用时间复利两大优势，是进行基金长期投资的良好选择。希望“月光族”通过长期的消费规划和合理的投资理财，早日走出“月光”地带，尽早实现各自的理财目标。

二是领固定薪酬的上班族。大部分上班族的薪资所得在应付日常生活开销后，结余金额往往不多，小额的定期定额投资方式最为适合。而且，由于上班族大多并不具备较高的投资水平，无法准确判断进出场的时机，所以通过基金定投这种工具，可稳步实现资产增值。

三是对于未来某一时点有特殊资金需求者。例如 3 年后须付购房首付款、20 年后子女出国的留学基金，乃至于 30 年后自己的退休养老基金等。在已知未来将有大额资金需求的情况下，提早以定期定额小额投资方式来规划，不但不会造成经济上的负担，反而能让每月的小钱在将来变成大钱，不必为未来大额的资金需求而烦恼。

四是不喜欢承担过大投资风险者。由于定期定额投资有投资成本加权平均的优点，能有效降低整体投资成本，使得价格波动的风险下降，进而稳步获利，是长期投资者对市场长期看好的最佳选择工具。

采用定期定额投资的人每月投资 1000 元，千万富翁不是梦。历史一再证明，定期定额投资成功的概率相当大。“行情总在乐观中结束，在绝望中诞生”，乐观意味着高价，绝望意味着低价。在低迷的空头走势中，什么投资方式最能降低风险，提升获利契机呢？无疑，定期定额投资共同基金是最佳的投资方式之一。

基金定投应该遵循的原则

定投基金的方式已经为越来越多的投资者所采用，定期定额每月自动扣款所具有的手续简便、平均成本、分散风险和具有复利效果等优点也开始为大家所熟知。不过，定投基金也有需要引起重视的几个方面，比如要选择合适的基金产品、掌握获利时机等，这就要求基金定投应该遵循一些基本原则。

一、设定理财目标

每个月可以定时扣款 3000 元或 5000 元，净值高时买进的份额数少，净值低时买进的份额数多，这样可分散进场时间。这种“平均成本法”最适合筹措退休基金或子女教育基金的投资者。现在很多基金管理公司的网站上都有定投计算器，可以按照期待金额、投资年限、假设年收益率来倒推每月需要定投多少钱。投资者开始定投时就设定了明确的目标和期限，例如为了孩子的教育等，等到时机成熟时，就可以结束定投。

二、量力而行

基金定投是一种长期投资的方式，如果对未来资金流估计不足，可能造成基金定投中断，这和定投的初衷是不符的。因此，要仔细分析自己的收支状况，计算出富余资金，一定要做到财务轻松、没有负担。例如，有投资者为分散投资标的而决定每月扣款 5 万元，但一段时间后却必须把定期存款取出来继续投资，这样就太划不来了。建议大家最好先分析一下自己每月的收支状况，计算出固定能省下来的闲置资金，3000 元、5000 元都可以。

三、投资期限决定投资对象

定期定额长期投资的时间复利效果分散了股市多空、基金净值起伏的短期风险，只要能遵守长期扣款原则，选择波动幅度较大的基金其实更能提高收益，而且风险较高的基金的长期报酬率应该胜过风险较低的基金。如果投资者长期的理财目标是5年以上至10年或20年，不妨选择波动较大的基金，而如果是5年内的目标，还是选择绩效较平稳的基金为宜。

四、持之以恒

长期投资是定期定额积累财富最重要的原则，这种方式最好要持续3年以上才能得到好的效果，并且长期投资更能发挥定期定额的复利效果。“在遇到困难时继续坚持”，《士兵突击》中的这句经典台词鼓舞了许多人，也同样适用于定投基金。在市场下跌净值也跟随下跌时，不能停止定投操作，因为无法在低位买到更多的份额，就无法起到摊低成本、分散风险的作用，自然难以有好的回报。

从各国经验看，股市长期而言都是震荡向上，因此，选择一个足够长的时间期限非常重要，只有时间足够长，才能随着股市长期上涨获得较好的收益。

一般而言，基金定投需要坚持3至5年才能看出成效，因而短期目标不适用基金定投。基金定投的成功关键是减少剧烈波动带来的影响，当市场下跌时，才有机会在低位加码，摊平成本，从而发挥基金定投的优势。

五、掌握解约时机

定期定额投资的期限也要因市场情形来决定，比如已经投资了两年，市场上升到了非常高的点位，并且后期行情可能将进入另一个空头循环，那么最好先行解约获利了结。如果即将面临资金需求，例如退休年龄将至，就更要开始关注市场状况，决定解约时点。

开始定期定额投资时不必过于在意短期涨跌和份额数累积状况，在必要的时候可以咨询专家的意见。

六、善用部分解约，适时转换基金

一些投资者误以为定期定额投资要办理赎回时，只能将所持有的基金全部赎回结清。其实定期定额也可以部分赎回，或是部分转换。开始定期定额投资后，若临时必须解约赎回或者市场处在高点位置，而自己对后市情况不是很确定，也不必完全解约，可赎回部分份额取得资金。若市场趋势改变，可转换到另一轮上升趋势的市场中，继续进行定期定额投资。

七、选择适合定投的基金

选择波动较大还是较平稳的基金是定额投资时必须考虑的问题。波动较大的基金比较有机会在净值下跌的阶段累积较多低成本的份数，待市场反弹可以很快获利。不过如果在高点开始扣款，赎回时不幸碰上低点，那么即使定期定额分散进场风险也无法提高获利水平。

绩效平稳的基金波动小，一般不会碰到赎在低点的问题，但是相对平均成本也不会降得太多，获利也相对有限。

其实，定期定额长期投资的时间复利效果分散了股市多空、基金净值起伏的短期风险，只要能坚守长期扣款原则，选择波动幅度较大的基金更能提高获利水平，而且风险较高的基金的长期报酬率，应该胜过风险较低的基金，因此如果长期的理财目标如5年以上至10年、20年，不妨选择波动较大的基金，而如果是5年内的目标，还是选绩效较平稳的基金为宜。

比较而言，指数型基金和股票型基金是很好的投资品种，股市的长期收益率相对债券等市场而言较高。

八、了解定投业务，确定匹配的理财计划

投资者在选择定投计划时，应弄清楚该项业务的主要事项，从而确定与自己的理财计划相吻合的定投计划。

投资额度是投资者首先考虑的问题，目前基金每月扣款的最低额度，绝大部分起点均在500元以下，很多仅100至200元，可以说门槛非常低。投资者可考虑自己的具体情况确定每月定投的额度。一些偏股型基金还规定连续扣款的时间越长，所获得的费率优惠越大。

九、细致挑选基金

基金定投作为一种中长期的理财方式，要求投资者在选择具体的基金对象时不能偷懒。选好种子才能使财富的成果更加丰硕。

其一，货币基金和中短债基金是首选品种。

在定投业务中，货币基金和中短债基金收益比较低、风险相对小，从投资安全的角度考虑，这两者是工薪阶层首选定投的对象。

货币基金是很好的现金管理工具，具有良好的安全性。华夏现金、易方达货币、博时现金、长城货币等货币基金都是可以考虑的品种，上述几种基金都拥有良好的流动性，免申购赎回费用，因此可以选择1至2只进行投资。目前的货币基金绝大部分是T+2交易，拥有良好的流动性。在债券型基金中，今年新登场的博时债券及易方达月月收益主要投资中短债和货币工具，目前的年收益率在2.2至2.5之间，流动性也很强，免申购赎回费用，值得考虑。

其二，一般债券基金和偏股型基金是提高收益不可缺少的组合。

货币基金和中短债基金产品流动性、安全性较高，但收益也相应降低。为了提高收益，可以承担较高风险的投资者可选择一些债券基金和偏股型基金。对于这些品种，由于有一定的费率，更有必要精选，要多考虑基金的净值增长率、分红比率、波动性等方面。

选择收益高、低风险基金是最方便的方式，可以参考证券时报基金评价体系中评级较高的基金品种。如债券基金中的嘉实债券、华夏债券、招商债券等都是投资者可以考虑的品种。目前股市处于历史低位，也为投资偏股型基金提供了良机。如果投资者想投资偏股型基金，不妨考虑易方达策略、富国天益、广发聚富、合丰成长等时报基金评价体系评级较高的品种。

由于投资的工具很多，投资者也要考虑采用其他投资方式来分散风险，在选择定期定额买基金时选 1 至 3 只基金比较合适。

投资者认为定期定额投资稳赚不赔的观点是错误的，抛开基金投资能力的差别和不同类型基金的差异，谈论定投优势是没有参考意义的。基金定投的实际情况可能会出乎投资者的意料之外：单位成本最低、拥有份额最高时，亏损却是最大的；单位成本最高、拥有份额最少时，却能够获得最大的收益。

从理论上说，当市场呈现上涨走势时，基金单位价格（即基金净值）相对较高，此时同额度资金买到的基金单位数量相应较少；而当市场呈现下跌走势时，基金单位价格降低，此时能够买到的基金单位数量增加。从一个较长时间段看，总投资由大量相对低位的基金份额和少量高价基金份额组成，摊薄的结果是每一单位的平均成本将会比单笔投资的单位成本低，这就减少了套牢的风险。

证券市场持续低迷，为了推广基金定投计划，有些基金公司和代销机构在宣传时，建议投资者当市场为空头走势时更应该以定期定额投资方式买入大量低成本的基金份额，尽量降低单位成本，以期在市场走出低迷格局后的持续上涨的阶段，获得更大的投资回报。

上面的逻辑推理似乎非常严谨，可以推导出基金定投是空头市场中很好的防御性投资方式的结论，但投资者不能忽视的一点是，是否能够取得收益在根本上仍然取决于所选择基金的投资能力，而不同类型的基金实施定投后，也会出现明显的分化。

给基金定投者的四点建议

对于投资基金的客户来说，定期定额这种投资方式大家应该不会陌生。不过，并非每只基金都适合定期定额投资，只有选对投资标的，才能为您带来理想的回报。对此，这里给大家提供几点建议，帮助您在选择定期定额投资基金方式的同时能用对地方、用对产品，并高效率地发挥定期定额投资的优势。

一、定期定额投资最好选股票型基金或者是配置型基金

债券型基金等固定收益工具相对来说不太适合用定期定额的方式投资，因为投资这类基金的目的是灵活运用资金并赚取固定收益。投资这些基金最好选择市场处于上升趋势的时候，因为市场在低点时，最适合开始定期定额投资，只要看好长线前景，短期处于空头行情的市场最值得开始定期定额投资。

二、对于选择波动性大还是绩效较平稳的基金可作如下考虑

波动性较大的基金比较有机会在净值下跌的阶段累积较多低成本的

份额，待市场反弹时可以很快获利。而绩效平稳的基金波动小，不容易遇到赎在高点的问题，但是相对平均成本也不会降得太多，获利也相对有限。

其实，定期定额长期投资的时间复利效果分散了股市多空、基金净值起伏的短期风险，只要能坚守长期扣款原则，选择波动幅度较大的基金更能提高获利水平，而且风险较高的基金的长期报酬率应该胜过风险较低的基金。因此，如果有长期的理财目标，如5年以上至10年、20年，不妨选择波动性较大的基金，而如果是5年内的目标，还是选绩效较平稳的基金为宜。

三、要活用各种弹性投资策略，让定期定额的投资效率提高

投资者可以搭配长、短期理财目标选择具有不同特色的基金，以定期定额投资共同基金的方式筹措资金。以筹措子女留学基金为例，若财务目标金额固定，而所需资金若是短期内需要的，那么就必须提高每月的投资额，同时降低投资风险，以稳健型基金投资为宜；但如果将投资期间拉长，投资人每月所需投入金额就可以降低，相应可以将可承受的投资风险提高。因此，适度分配积极型与稳健型基金的投资比重，将使投资金额获取更大的收益。

四、可以根据财务能力弹性调整投资金额

随着就业时间变长、收入提高，个人或家庭每月的可投资总金额也随之提高。因此，适时提高每月扣款额度也是一个缩短投资期间、提高投资效率的方式。尤其是在原有投资的基金趋势正确、报酬率佳，而且原有的投资组合分散风险的程度已经足够的时候，就不需要另行申购其他基金，依照原有的投资比重重新分配投资金额，可早日达到自己的投资

目标。

基金定投业务的办理

基金购买方式有认购和申购两种。基金首次发售基金份额称为基金募集，在基金募集期内购买基金份额的行为称为基金的认购。而投资者在募集期结束后，申请购买基金份额的行为通常叫做基金的申购。

在基金募集期内认购，一般会享受一定的费率优惠。对于股票型基金和配置型基金而言，认购费为1%至1.5%，申购费在1.5%左右。但认购期购买的基金一般要经过封闭期才能赎回，而申购的基金在第二个工作日就可以赎回。单纯从费率角度来简单比较，认购基金要比申购基金更加有吸引力一些。

但在投资的实际过程中，一些认购基金的投资者在相当长的一段时间内并没有获得预期收益，而很多申购基金的投资者反而总体收益较好。究竟是认购正在募集的新基金好，还是申购已有一段运作历史的老基金好呢？投资者在下"鱼钩"之前，必须从较深的层次分析新老基金存在的差异，然后再作决策。

通常来说，如果投资者打算做短期投资，认购新基金多少有一定的风险。因为新基金有几个月的封闭期，期间几乎是没有运作收益的，在走出封闭期之后，基金的运作水平在发行期还不得而知。

当然，这也不是绝对的，如果投资者考察与新基金有同种风格的老基金，发现此类风格的老基金收益率普遍较高，那么便可以在预测此类基金未来可能的收益率的基础之上，大胆采用认购方式，就可以在一定程度上回避这类风险。

不过，对于货币市场基金来说，由于它的净值永远为1元，也没有交易费用，所以对普通投资者而言，认购和申购并没有太多区别。可见，在决定申购或认购方式时，除了要考察同类老基金的业绩以外，也要视哪一类型的基金而定。不同类型的基金决定了不同的购买方式。

总之，投资者在选择认购方式时，必须对所认购的基金进行全面深入的了解。与此同时，还应从信息披露角度来考虑购买方式，万一对基金把握不准，很可能会踩着“地雷”，给自己的投资造成较大损失。而老基金在信息披露方面相对有优势。老基金经过长时间运作后比较稳定，持股说明每季公告一次，信息披露比较完善，这使得投资者有迹可循。而且，在正常运作阶段的基金一般规模比较稳定，不会因为份额波动而影响短期业绩。因此，采用申购的方式，可以静观这只基金走出封闭期后的表现。如果基金净值出现下跌，可以观望或选择其他更好的基金；如果这只基金的净值稳步上升，则可以考虑采用申购的方式进行投资，虽然手续费贵一些，但毕竟能尽量避免和化解投资风险。

此外，在选择认购还是申购方式时，投资者还要从自己的实际情况和投资期长短来考虑。

以长期投资者为例，其可以选择在观察新基金运作一段时间后再申购，以减少不确定性。因为基金公司旗下其他基金的表现只能说明基金管理团队有一定的运作能力，但不能证明他们适合投资者所关注的新基金。在实践中，不同基金产品特征也可能直接限制了管理团队某方面能力的发挥。

对于注重短期收益的投资者来说，可以根据市场行情选择买入新基金或者老基金。新基金的特点是投资仓位不重，船小好掉头，而老基金的特点是收益和风险会立即显现。如果市场正处于牛市的调整阶段，由于国内还没有做空机制，老基金可能应变不及，只能被迫承受下跌带来的净值损失；新发行的基金则可以通过控制建仓速度来尽量避开这一负面影响，甚至可能有机会以更低的成本建仓，其新建立的投资组合结构往往更适合新的市场形势。而如果处在市场快速上升阶段，那么申购老基金快速获得收益就是一种较好的选择。

就目前国内基金持续营销还未得到足够重视的条件下，基金公司和销售渠道往往对基金首次募集投入较多的营销费用，所以有许多银行等主要销售渠道里最多见的是新基金的宣传材料，而且基金销售人员也优先向投资者推荐新基金。对于新基民而言，由于自身知识有限，往往只能选择认购新基金。

对于基金销售机构以及人员的投资建议，投资者还是要客观看待，既要相信其在这方面的专业能力，又要判断其中主观导向的比重，慎加甄别，不能盲听盲信。投资者要积极采纳多个销售渠道的观点和建议，来验证其提供的建议是否真正地从投资者利益出发。

事实上，有些投资者在选择认购方式时不单单是考虑费用的差异，还有一个重要原因是他们存在着净值“恐高症”。如果投资者对于交易费用比较敏感，可以根据同一基金公司内各种基金转换的费率优惠来降低投资成本。而新老基金的净值虽然会有差异，但开放式基金的净值与组合净值对应，并不表示高单位净值的基金“贵”了。如果其他情况相同，单位净值的差异也不影响投资者可能获得的收益率。

这里给大家列出三家银行提供的基金定投业务。当然，此外还有其他银行开展的基金定投业务，投资者可以根据需要自行选择。

民生银行：银华优势企业，大成价值，大成债券，嘉实增长，嘉实稳健，嘉实债券，中融融华债券基金，融通债券，融通深圳100，融通蓝筹成长，国泰金龙系列，富国天利增长债券，融通易支付货币市场基金，申万巴黎收益宝货币基金，天治天得利货币基金，等等。

交通银行：华夏大盘精选，华夏现金增利，国泰金鹰增长，国泰金龙债券，国泰金龙行业精选，国泰金马稳健回报，国泰金象保本国泰货币，华安创新，华安中国A股，华安现金富利，华安宝利，博时价值增长，博时裕富，博时现金收益，博时稳定价值基金，嘉实货币，大成精选，富国天益价值增长（前收），富国天瑞强势地区精选（前收），易方达平稳增长，易方达50指数，易方达积极成长，易方达货币市场，银河银富货币市场，银河银泰理财分红，银河稳健，银河收益，南方积极配置基金，鹏华普天债券，鹏华普天收益，鹏华中国50，鹏华货币，鹏华价值优势股票，鹏华普天债券B类，融通新蓝筹（后收），融通债券，深证100，蓝筹成长，融通行业万家公用事业行业，金鹰中小盘精选，湘财合丰成长，湘财合丰周期，湘财合丰稳定，湘财荷银精选，中银国际中国精选，银华货币A级，银华货币B级，金鹰成分股优选，招商现金增值，招商先锋，德盛安心，德盛稳健，天治财富增长，天治品质优选，上投摩根中国优势，国联优质成长（前收），长盛中信指数债券（后收），海富通收益，海富通精选，海富通货币市场，交银施罗德货币，交银施罗德精选，汇丰晋信2016生命周期，等等。

建设银行：长城久泰中信标普300指数证券投资基金，上投摩根中国优势证券投资基金，融通新蓝筹证券投资基金，华夏回报证券投资基金，长城久恒平衡型证券投资基金，建信恒久价值股票型证券投资基金，建信货币市场基金，华夏回报证券投资基金，博时价值增长，博时裕富证券投资基金，博时现金收益证券投资基金，博时精选股票证券投资基金，等等。

基金定投的费用

定期定额申购基金的费用与单笔申购基金的费用相同，都包括申购费、管理费、托管费和赎回费。其中，在基金买卖过程中需要由投资者支付的费用为申购费与赎回费。

例如，每月定期定额扣款1000元申购基金，若月扣款当日基金单位净值为1.06元，申购费率为0.5%，那么申购费用即为：

1000–1000÷（1+0.5%）= 4.98元

在扣除手续费后，当月购买的基金份额为：

［1000÷（1+0.5%）］÷1.06 = 938.70份

如今，在银行开办基金定期定额投资的一大优惠是费率折扣，1.5%左右的股票型基金的申购费再打上个8折、6折着实让人心动。

据悉，工商银行和交通银行都曾经开展了关于基金定期定额投资的优惠活动，只要在优惠期内开办此业务，即可享受折扣不等的费率优惠。

比如工商银行曾规定，凡在2006年9月30日前，客户办理基金定投业务，活动期内各次基金定投申购费率优惠为8折。如客户8月设定基金定投业务，则在8月和9月的两次自动申购时，均享受8折的申购费率优惠。凡在2006年9月30日前，办理基金定投的客户享受以下优惠：从首期扣款开始，若连续成功扣款12期，则从第13期扣款开始，其所申购基金的申购费率优惠为9折；从首期扣款开始，若连续成功扣款24期，则从第25期开始，申购费率优惠为8折。

交通银行上海分行的大礼则来得更为实惠，他们曾经规定，在2006年8月1日至2006年9月30日，在交通银行办理相关基金的"定期定额申购"业务申请的投资者，可享受连续六次定期定额申购费率6折优惠。老客户视同8月1日开通该业务，享受同等优惠。该行举例说，A客户2006年8月1日在交通银行网点申请"定期定额申购"业务并受理成功，约定扣款日为每月8日，2006年8月8日、2006年9月8日、2006年10

月8日、2006年11月8日、2006年12月8日、2007年1月8日六次自动申购时，均享受申购费率优惠。

对于同一基金有前后收费两种模式，两行的费率优惠仅针对前端收费模式的基金，后端收费仍按原费率执行。投资者不妨仔细比较两行的代销基金，看看自己中意的基金是否在优惠之列。

全国数十个城市的投资人可到浦发银行（全国）、民生银行（上海）、兴业银行（上海）数百个网点办理开通，即开即通，无任何手续费；浦发网银专业用户，可在浦发网银自主开通。定期定额申购起点为300元，定期定额赎回起点为1000元，定期定额转换起点为1000元。

不过，由于基金公司的直销渠道大多采用的是“银联通”的模式，也就是说，需要先从基金公司网站下单，再到银联网站上办理扣款手续，并不具备做基金定投的条件，因此，通过基金公司做定投业务的并不多。

目前，已经有工商银行、交通银行、建设银行和民生银行等开通了基金定投业务，值得一提的是，基金定投的进入门槛较低，例如工商银行的定投业务，最低每月投资200元就可以进行基金定投。

如果要办理基金定投，投资者只需按银行和基金管理公司的相关规定提出申请，开通“基金定投”后，银行将根据投资者申请的扣款金额、投资年限，每月自动在其指定账户内扣款，操作十分方便。以民生银行为例，投资者只需持民生银行卡并开立相关的基金账户，即可在该行柜面申请办理基金定投业务。

此外，各家已经开通此项业务的网络银行和电话银行同样也可以接受基金定投业务的办理。据介绍，民生卡客户只需开通个人网银专业版，即可通过民生网上银行办理基金定投业务，并可直接在网上银行完成基金账户的签约和开户，而无须事先在银行柜面申请开户。

在网上银行完成开户后，投资者可以在网上进行基金的申购、赎回等所有交易，实现基金账户与银行资金账户的绑定，在设置申购日、金额、期限、基金代码后进行基金的定期定额定投。与此同时，网上银行还具备基金账户查询、基金账户余额查询、净值查询、变更分红方式等多项功能，投资者可轻松完成投资。

不仅如此，部分银行还提供了一些更方便投资者的服务，可 24 小时进行申请基金定投的服务。交通银行在每天上午 9 点到下午 3 点间不仅可接受申请，还可以办理相关申购业务。工商银行则可由投资者自主决定每月不同的划款日，不同的划款时间可以为投资者提供更多的弹性空间。

保本基金的理财技巧

所谓保本基金，就是在一定期间内，对所投资的本金提供一定比例的保证，或是极小比例的资产从事高风险投资，而将大部分资产从事固定收益投资，使得基金投资的市场不论如何下跌，绝对不会低于其所担保的价格，而达到所谓的“保本”作用。

保本基金属于低风险产品，对于三类人群会是比较不错的选择：一是希望不承担大的风险，通过保本基金能够跑赢 CPI、跑赢存款利息的投资者；二是资产配置能力弱的投资者；三是中老年投资者。

投资保本基金的注意事项如下：

一、保本基金基本能保本，短期收益波动是正常现象

我们知道，各保本基金一般都能够达到在约定保本期限内的保本效

果，但无法保证在任意投资期间内均能保本。当风险资产价格出现大幅下跌时，保本基金的区间收益率也可能为负值。

二、注意关注保本更全面的产品

以汇添富保本基金为例，它不仅为认购并持有 3 年到期的投资者提供了本金保证，也提供了认购费的保本。而目前市场上的保本基金其保本范围并不一定都如汇添富保本基金一样，有些是对认购净金额实行保本，有些则除了认购净金额外还对认购费用实行保本。一般的基金重视后者，而汇添富保本基金则是两者都有。

三、注意关注投资能力强的基金公司

要知道，在保本的基础上，积极投资能力强的基金公司则有望为投资者带来更高的额外收益。为什么呢？因为保本基金的超额收益主要取决于风险投资部分的比例及运作收益，因此应选择综合投研实力强、选股能力强的基金公司旗下的产品。

四、明星级别的基金经理和基金品牌关乎大局

我们需要明白，在保本投资策略中，风险资产乘数的确定是操作中的关键环节之一。在保本策略允许的范围内，风险放大乘数的设定水平反映了基金公司的主动投资能力，所以在选择保本基金时，对基金公司的品牌和基金经理管理能力的甄别尤为关键。

五、保本基金不能半途赎回

保本基金半途不能赎回是最基本，也是最重要的常识。因为保本基金只对在募集期内认购，并且持有保本周期到期的基金资产提供保本承诺。

因此，如果投资者中途因急需资金赎回基金，投资本金是享受不到保本的。这就像提前支取定期存款，存款利率只能按照活期计算，所以投资者对资金使用要提前考好。

基金定投的三种玩法

进行基金定投业务，应该熟悉基金定投的玩法。下面我们介绍三种基金定投的玩法，供大家参考。

一、组合定投

一般来说，定投想要有好的表现，投资周期应该设定在五年以上比较好，因此投资对象的选择很重要。这种玩法的思路就是在投资对象上做文章，从而引入了基金组合的概念，因此被称为组合定投。

组合定投的投资对象一般由两到三只基金组合而成，实际操作中的搭配方法是多种多样的：我们可以选择两只风格都比较激进的股票型基金作为定投的对象，组建一个“双杠”组合。当然，入选的基金必须满足一个前提，就是这两只基金的中长期业绩都比较优秀。可能在某个时间段，某一只基金的表现会比较低迷，这时另一只基金就会出来补台，整个定投组合仍然可以保持较高的投资效率。

我们同样可以选择一只稳健型的基金和一只成长型的基金构成一个“高低杠”组合，用专业术语来说就是“核心＋卫星”，即在市场上涨时，我们可以分享卫星基金——成长型基金的优异表现；在市场波动时，核心基金——稳健型基金的优异表现，可以将整个投资组合发生亏损的可能性降低到最小。

当然，如果投资者认同跨市场分散的投资理念，也可以考虑构建一个由一只 A 股基金和一只 QDII 基金组成的“跷跷板”组合。从长期的角度来看，市场轮动的特点迟早会显现。因为在金融危机的大背景下，全球市场几乎都处于低位。从短期看，某些市场也许还会有下跌的风险，但投资应该是面向未来的，如果投资者能从现在起就构建一个跨国组合，我相信假以时日之后，投资者一定会取得丰厚的回报。

二、动态定投

这种玩法每月的投资金额是由基金市值来决定的。

举例来说，假如投资者希望未来五年内拥有 6 万元市值的基金资产，按照计划，就必须每月使自己的基金市值增加 1000 元。假设第一个月的基金净值是 1 元，那么就投入 1000 元，购入 1000 份基金，让市值变成 1000 元。第二个月基金净值涨到了 1.5 元。如果继续投入 1000 元，那么加上原有的基金份额，市值将变成 2500 元，超出了原计划。怎么办呢？考虑到已经拥有了 1500 元市值的资金（1.5 × 1000），第二个月只需投入 500 元，购入 333.33 份基金份额即可。第三个月基金净值涨到了 2.5 元，考虑到基金市值已经升至 3333.325 元（2.5 × 1333.33），已经超出了计划，因此第三个月不需要申购，反而需要赎回市值 333.325 元，约 133.33 份的基金才可以达到平衡，至此基金份额变成了 1200 份。第四个月基金净值跌回了 1 元，基金资产变成 1200 元，为了达到 4000 元的市值，必须申购 2800 份的基金方可。

动态定投虽然看起来有些复杂，但依然遵循着定投的投资原理，我们可以发现，随着净值不断走高，申购的金额在逐步减少，甚至出现了赎回。一旦净值大幅下跌，购买的份额也随之上升。动态定投最大的优点就是可以让我们在自己制定的投资周期内筹集到所需的资金。

三、变额定投

ETF基金的交易费用低廉，是个很好的定投对象，但由于交易规则的限制，定投起来却很麻烦。要解决这个难题，我们就必须要采用变额定投的方法了。

假定投资者看好某个指数的ETF，并准备每月定投3000元，在具体操作中，我们可以设立一个波动区间，比如200点。也就是说股指每上涨200点，我们的每月投资金额就应减少100元（金额可以自行确定）；反之，股指每下跌200点，我们每月的投资金额就应增加100元。尽管每月的投资金额不同，但变额定投依然遵循着定投逢高减筹、逢低加码的投资原理。

除了上述三种玩法之外，多利用银行“基金定投业务”的附加功能，也是一个不该忽视的技巧性问题。

比如，“工行”推出了与银行储蓄产品相结合的基金定投组合理财产品，分别称为“安心基金定投计划”和“保本基金定投计划”，即基金定投的衍生品。前者是指客户以在银行开立的3年期或5年期的定期储蓄为投资基础，用其定期储蓄月度利息或月度倍数利息（利息加其他资金），每期申购开放式基金；而后者是指客户在银行按照存本取息储蓄的规定存入一定本金，用每月产生的利息（也可外加一部分其他资金）申购某只基金，这样能更好地控制短时间内因为基金净值波动带来的风险。

工行的“基金定投”是工行基金定投业务的配套组合产品，它与一般银行推出的基金定期定额投资计划不同。这一配套组合产品在扣款时间上的灵活性大大增强，不再是每月固定的某个日期，而是通过控制资金账户内的余额选择投资时间，当账上金额达到固定投资额度时，钱就会被自动划走。

基金定投的买卖技巧

基金定投由于其风险小、收益高的优势受到了不少风险承受能力低的工薪阶层、具有特定理财目标的父母（如子女教育基金、退休金计划）和刚离开学校进入社会的年轻人的青睐。那么，基金定投如何把握好“买入”与“卖出”的时机呢？

与基金定投相对应的是一次性投资，就是在某一时点一次性地购买基金的行为。而定期定额投资基金，是指在固定的时间（如每月8日）以固定的金额（如500元）投资到指定的开放式基金中，类似于银行的零存整取方式。这样投资可以平均成本、分散风险。由于资金是分期小量进场，价格低时，买入份额较多，价格高时，买入份额较少，这样可以有效地降低风险，对于无暇研究市场及精确把握进场时点的投资者来说，是一种比较合适的中长期投资方式。

与一般申购一样，基金定投申购需遵循“未知价”和“金额申购”的原则。“未知价”是指投资人办理基金定投申购业务后，以实际扣款当日的基金份额净值为基准进行计算。基金定投并不影响正常的申购赎回，投资者在办理定投业务的同时，如果还有闲钱需要投资，完全可以继续申购。

如果投资者打算选择退出基金定投，有如下两种方式可以选择。

第一种方式是基金定投投资者通过银行向基金管理公司主动提出退出基金定投业务申请，并经基金管理公司确认后，投资者的基金定投业务计划停止。

第二种方式是投资人办理基金定投业务申请后，投资者指定的扣款账户内资金不足，且投资者未能按照约定及时补足申购资金，造成基金定投业务计划无法继续实施时，系统将记录投资者的违约次数，若违约次数达到三次，那么，系统将会自动终止投资者的基金定投业务。

投资者在选择进入或者退出基金定投时都需要十分注意，有许多投资者往往追逐基金以往的表现，在基金表现出色之后买入，在基金回报率下降的时候卖出。这其实是一种按市场时机选择的波段操作，虽然定期定额投资可以避免进行这种波段操作，不过在波动比较大的市场中，投资的“进入”和“退出”还是谨慎一点比较好。

定投基金与净值的关系

一位股民因心脏病复发被送进了医院。医生问其太太：“有没有带病人以前的心电图？”太太赶紧掏出来递上。大夫看了半天说：“你拿错了，这不是心电图，这是股市的K线图。”股民抬起头回答：“我的心脏随大盘的涨跌而起伏，这才是我最准确的心电图啊。”

这虽是一则小笑话，但也形象地描绘出很多投资者的心态。如果没有正确的投资知识和良好的投资心态，投资者每天都可能上演“惊心动魄”。

基金市场虽然没有股市那么大的波动，但基金净值同样每天都在变化，许多投资者的心情也随着净值起起落落。那么，基金净值重要吗？对于明天就要赎回的投资者当然重要。因为基金资产是等于“赎回日净值”乘以“累计份额”，赎回日净值的高低直接关系到拿到手的钱有多少。而对于办理基金定投或未来一段时间都没有赎回计划的投资者，基金净值就不那么重要了。

基金净值每天都在变化，如果选择了适宜长线投资的基金，每天还盯着净值，将基金当成股票一样频繁操作，只会增加投资成本，降低投资的收益率。股神巴菲特说，“一家公司的股票在明天或下星期卖多少钱并不重要，重要的是这家公司在未来 5 至 10 年的表现”。对于长期基金定投来说也是如此。

定投作为一种长期理财工具，其目的在于满足三五年之后的财务需求，其最终收益也是取决于三五年之后的市场表现。因此，投资者完全没有必要太过关注接下来几天、几个月的净值表现。对于定投而言，首先应该关注的是份额的增长。只要我们确信经济会继续向前发展，那么现在的股市表现就不那么重要，其中途每一次大跌都是买“便宜货”的好机会。

比如，市场从 6000 多点下跌到 3000 点附近时，停止定投的人仍旧亏损，而坚持的人由于有效地降低了投资成本，将会有不错的收益。

选择基金定投的投资者不妨试着减少关注净值每天的变化，每月或每季度看一次账单，通过选择一只优秀的基金进行定投，安心分享证券市场的长期收益。正如农夫绝不会在播种之后隔几天就把它们挖出来看看一样，他们会让种子慢慢地发芽、长大。

基金定投营销中的陷阱

目前，在各家银行网点以及基金公司的网站，到处都可以看到非常醒目的基金定投的营销广告。当我们欣喜地看到理财越来越接近老百姓现实需求的同时，也会发现在宣传资料中关于基金定投收益的计算与基金定投价值的分析存在不妥之处，值得商榷。

首先，计算基金定投收益的假定站不住脚。综合一下各类公开宣传资料关于基金定投年收益率的假定无外乎以下几种：美国股票型基金或股票指数年收益率，上证指数 5 至 10 年的年收益率，晨星评级中基金两至三年的年回报率，或者干脆自己捏造一个 10%、15%。据此，便出现个别类似“基金定投两年买房结婚不是梦”、“基金定投圆你一个富翁梦”等非常容易误导投资者的宣传。

其次，基金定投不一定就比一次性购买或固定比例投资更好。作为投资者，要充分考虑自己的需求。事实证明，在价值区间一次性购买或以固定比例投资基金是最佳选择。如果我们已经有足够的资金，就应该把主要精力集中放在寻找基金投资的价值区间与有价值的品种上。这种寻找价值区间与品种的过程，可以通过投资者自己的努力，也可以通过银行、基金公司或第三方理财咨询机构的专业人士协助完成。

最后，基金定投的价值不是“高收益”、“无风险”、“不用操心”，我们看待基金定投应该更加理性。在这其中尤其需要理性面对的是，有人将定投包装成灵丹妙药，即长期投资无风险，长期投资收益高，而且每次需要投入的资金少，简直就是“一本万利”的好事。定投真的就是灵丹妙药吗？看看过往坚持定投者的收益表现就会明白，这不过是一个玩笑。只不过，这个玩笑从银行客户经理的嘴里吐出来后，就被蒙上了一层神秘色彩。

根据基金研究中心的统计，如果投资者某一年在每月投资 100 元，用复利累积的方式计算收益率，截至这一年的年底，投资者定投 10 年标普 500 指数的亏损 43%，定投 29 年的收益也仅有 5%；倘若分别定投日经 225 指数 30 年、20 年和 10 年，其结果则是相应亏损了 31.48%、55.15% 和 42.45%。虽然中国股市的时年尚短，不好做定投效果统计，但看看这几年股市的剧烈波动，其未来预期也可想而知。

如果剥开附在基金定投上的绚丽外壳，我们就会发现，其实定投的本质无非也就是买基金，其业绩表现依然取决于基金经理对基金的操作能力，从这一点讲，基金定投和其他的基金申购方式并无不同。有差别的是，定投通过分批投入的方式，拉长了投资的时间点，从而平滑了投资风险。也就是说，和其他申购基金方式相比，定投的特色就是风险较低，相应的收益也较低，更多的是获取市场的平均收益率。

因此，在基金公司纷纷卖定投的时候，基民不要光听吆喝就热血沸腾地掏出银子，还是要对其风险和收益有一个清醒的认识。定投不是一个暴利的品种，基民也不应该为那些“千万富翁”的口号所诱惑。退一步讲，就算投资者运气好，总能遇到不错的牛市，基金经理也很争气，在定投前投资者也还是需要反问自己一句：我能熬过30年吗？可见，基金定投陷阱不仅仅是外界的，更重要的是来自于投资者的内心，并取决于投资者的素质。

第六章　组合投资，最佳选择

组合投资是一门艺术，我们要做的就是在购买理财产品前，花一些时间了解所要购买的理财产品的特性，然后根据个人情况做好相应的排列组合。这部分内容通过构建投资基金组合的原则、策略、步骤和方式方法的阐述，帮助投资者实现利益最大化。

组合投资是最佳选择

随着各种金融投资工具的不断涌现，家庭理财的概念越来越重要。一般来讲，家庭理财应实现如下几个目标：利用各种投资增加家庭资产的价值，保障家庭财产安全，有效地积累大额及长期性资金，控制不必要的支出。由此可见，单一投资并不能满足家庭理财的要求，只有通过组合投资才可以实现理想的理财目标。

组合投资包括三方面内容，即投资工具组合、投资时间组合和投资比例组合。

一、投资工具组合

投资工具组合要求投资者不要把全部资金都用来进行一种投资，而应该将资金分成若干部分，分别运用不同的投资工具投资于不同的领域。

在相同的环境中，不同种类投资工具的风险程度不同，有的甚至是截然相反的。例如：在国家银行利率上调时，储蓄存款收益率高，风险很小；

而股票投资则会面临股价狂跌的风险，收益率很低，甚至为负数。而当银行利率下调时，储蓄投资的利率风险增大，收益降低，股票投资则会因股价上涨而大幅度提高收益率。

如果把资金全部用于储蓄投资或全部投资于股票，若利率下降或上升，其收益会下降，风险很大。而分别投资于储蓄和股票，当利率上升时，储蓄获利会抵消股票投资上的损失；利率下降时，股票投资上的收益又会弥补储蓄上的损失。通过储蓄与股票的组合投资，使得投资风险降低，收益也将维持在一定水平。

传统的投资工具组合通常采用"投资三分法"，即将全部资金分成三部分，一部分用来进行储蓄、保险，一部分进行股票、债券等方面的投资，还有一部分用于房地产、黄金、珠宝等实物投资。

二、投资时间组合

投资时间组合要求投资者不要把全部资金一次性地用于投资，而应该分次分批、有计划地进行。各种投资工具在期限上应是长期、中期、短期相结合。

一次性将资金全部投入进去，若实际情况与预测有所不符，或者会因手中无备用资金而丧失获取更高收益的机会，则会承受该投资环境下无法避免的系统风险。

另外，从资金的时间价值来看，时间越长，收益率越高；从流动性角度考虑，时间越短，变现能力越强。家庭投资组合既要求较高的收益，又要保持一定的变现能力，以应付突然的现金需求，因此，长、中、短期投资应结合起来。

三、投资比例组合

投资比例组合涉及的是各种投资工具在数量、金额上的比例关系。

分散投资工具，并不意味着将投资资金机械地、完全均等地分配到各种投资工具上去。由于各种投资工具的风险和收益水平不同，流动性不同，投资者对收益的期望和对风险的偏好不同，投资组合比例也就有所不同。一般来说，风险喜好型的人追逐较高的投资收益，其投资重点偏向于高风险、高收益的外汇、债券等投资工具；风险厌恶型的人则将大部分资金用于储蓄、债券等收益基本稳定、风险较小的投资工具。

具体来说，组合投资有三种模式可供运用，具体实施方法如下：

在20到30岁时，人的风险承受能力最强，可以采用积极成长型的投资模式。尽管这段时期由于准备结婚、置办耐用型生活必需品，要有余钱进行投资并不容易，但仍需尽可能地投资。按照“一百减去目前年龄”的经验公式，可以将70%至80%的资金投资于各种证券。在这部分投资中还可以再进行组合，譬如，以20%投资于普通股票，20%投资于基金，余下的资金进行定期存款或购买债券。

30到40岁时，家庭成员逐渐增多，承担风险的程度相对减弱，但仍以让本金快速成长为目标。这期间可将资金的60%投在证券方面，剩下的40%投在有固定收益的投资标的上。投在证券方面的资金可将40%投资于股票，10%购买基金，10%购买国债。这种组合投资的目的是在保住本金之余还有赚头，也可以留一些现金供家庭日常生活之用。

50到60岁时，需要控制风险，应集中精力大力储蓄。但“100减去年龄”的投资法则仍然适用，还可将40%左右的资金投在证券方面。此种组合投资的目标是维持保本功能，并留些现金供退休前的不时之需。

到了65岁以上，多数投资者会将大部分资金投资于比较安全的固定收益投资标的上，以抵御通货膨胀，保持资金的购买力。

对待组合投资应该有辩证的观点

现在比较成熟的投资者都有组合投资的概念，知道“不能把鸡蛋放在一个篮子里”，买股票要多买几种，且在不同行业之间进行搭配。这是常理，也是基本规则。

但光知道这些够不够呢？肯定不够。

组合投资的本质、要害和目的是为了分散投资风险，获得平稳收益。它建立的基础，是对于各行业、各公司的发展前景有一定把握，但没有太大把握。所以，大体上均衡持有，以获得有保障的基本收益。它是稳健投资的一个基本策略。通常情况下，采用这个策略，投资业绩不会好到哪里去，但也不会坏到哪里去。

对投机操作而言，选择不同题材的股票，选择不同时点的股票，也是一个道理。投资者觉得谁都有机会，谁都有可能赢利，但不知道哪个最大，所以大体上均衡持有。清楚地认识到组合投资这样的本质、要害和目的后，才有以下几点感悟。

一是组合投资由于追求稳健，难以获得超常收益。

二是组合投资的基础是对投资目标有基本了解，并有一定的把握。构建一个投资组合，是有一定条件的。也就是说，并不是在任何时候、任何情况下都要建立投资组合，都要持有一个投资组合。例如在牛市的顶峰，投资人应该离场休息，而不是抱定一个投资组合，幻想它的美好前景。此外，投资组合不是一下子就建立起来的，它需要规划，需要一个过程。

三是组合投资的另一个方面，是对投资目标没有充分把握，所以才强调组合，借此来规避风险。这说明它不是永远正确和绝对正确的。当我们能认识到的真正的好机会、大机会来临时，就应该摆脱泛泛组合投资的限制，而要重拳出击，重仓介入，以追求投资利润最大化。这是一个重要的感悟，是对组合投资的一个重要的注脚。

四是重仓不等于全仓、满仓。无论如何，不能在一只股票上满仓，不能在一个时点上满仓。也就是说，要破除通常的条条框框，充分利用机遇，但仍要有风险意识，不能违背组合投资的基本精神，不能赌博。

五是有重仓就有轻仓，组合中的股票仓位不应该是均等的，资金不能平均分配。

六是投资目标不能太多。组合的股票太多，在分散了风险的同时，也分散了收益。投资目标也不宜绝对集中，我们提倡建立适度集中的投资组合。

总的说来，对待组合投资应该有辩证的观点，要具体情况具体分析、具体运用，不能一个模式、一个方案、一个套路。该空仓的时候就得空仓，该重仓的时候就要重仓，要根据具体情况做好分散投资和集中投资的有机结合。

用基金构建完美的投资组合

鉴于基金收益高、风险低、省精力等优点，许多人加入基民大军。现在市场上的投资理财工具也越来越多，从积极型到保守型一应俱全。但是，广大基民仍然处在基金投资的初级阶段，有很多基民持有十几只基金，却不知如何取舍。其实，这时就需要进行适当的基金组合了，通过巧妙的基金组合构建完美投资，可以充分发挥多元化效益，将投资风险进行分散。因此，投资基金应当高度重视基金投资组合的价值。

基金的一大优势就是组合投资分散风险，一只基金通常会投资几十只甚至上百只股票。投资者购买基金，等于用很少的钱投资了一揽子股票。

投资大师说过，投资是一门科学，也是一门艺术。基金组合投资就是通过对行业和个股进行结构性配置，通过承受较低的风险，力图实现较高的回报。从自然科学的研究方法来讲，组合的影响因素越多，投资结果越难以控制和预测，自我学习和优化的可能性则越差。因此，行业和个股的组合构建，应尽量追求变动因素的最简化。

基金所选取的行业应该有着非常清晰的赢利驱动因素，当基于某一个策略方向配置资产时，最短的逻辑推导和受益程度最大的行业应该是主要选择。这在上一轮大牛市中非常明显，上游资源品行业的表现远远胜过钢铁、化工等中间产业。

基金对个股的选择也应力求纯粹，主要体现为清晰的业务构成和商业模式。商业模式的核心要素越简单、越清晰，企业投入的劳动和资本凝结成企业价值的概率越大，对投资结果产生正向回报的概率也就越大。

综合来看，投资组合的搭建是自上而下与自下而上相结合的过程。选定大方向之后，选取行业和个股的关键驱动因素越简单，意味着从投资的出发点过渡到最终结论的进程越短，失真度越低，投资的准确性以及组合进行正确优化的可能性就越高。

一方面，构建投资组合可以分散不同基金的投资风险，通俗地讲就是不能把鸡蛋搁在一个篮子里。基民不应把资金全部投到一只基金上，这样的风险较大。如许多资金都是投资到特定行业或特定概念的基金上，这些特定行业或特定概念的基金共有的不可化解的系统性风险，对于其他的行业或概念而言又是可以化解的非系统性风险，所以进行适当的组合则可以起到互相抵消的作用，分散各自的风险，使基金的收益更加有保证。

另一方面，构建基金组合还能分散时机风险。从国外的经验来看，几乎没有一个基金可以把一个很高的净值增长率长期保持下去。即便是最优秀的基金经理，也总有感到茫然的时候。如此看来，好的基金也未必在任何时候投资都是恰当的，根据市场行情追加的资金可以加到最合适的基金上，这样就改变了原有组合的比例关系，一定程度上间接化解了投资时机把握不好带来的风险。从货币基金到股票型基金，随着股票比例的递增，收益和风险也同步递增。根据股票市场的走势，应该对股票型基金在基金组合中的比例做相应的调整。

可见，基金经理一方面可以通过组合投资的方法来减少系统风险，另一方面可以通过各种风险管理措施来对基金投资的系统风险进行对冲，从而有效地降低投资风险。而中小投资者由于资金量和专业知识方面的欠缺，很难做到组合投资。因此，从这一点来说，基金是非常适合平时工作繁忙，又不具备相关金融投资知识的中小投资者进行投资理财的。

构建基金组合需要基金公司的产品、交易平台、相关信息和基金经理人四个方面的条件。

基金公司的作用，简单地说，就是它作为专家，能够集合并运用投资者闲散的资金，按照科学的投资组合原理进行投资决策，真正体现出证券投资基金的最大特点，即专家理财。目前，中国的基金产品数量已经不少，各种类型的基金产品也基本具备，但还是不够细分，投资方向和风格理念还是存在较多的雷同。只有足够多而且不断丰富的基金产品，才能为理想的基金组合的构建提供充分的素材。

电子交易平台既可指简单的指令传输装置，也可以是完整的交易执行设施。简而言之，就是基金公司整合各种资源，借助互联网的优势提升自身的客户服务品质，使投资者能够在最短时间内实现网上开户、转账、申购、赎回等业务的一种网络沟通工具。在交易平台上，投资者可以看到自己所有的账户信息，包括当前未结头寸、当前损失和赢利、有效最大交易、账户余额和其他历史交易情况的细节。投资者还可以在一个交易平台交易所有想买的基金。如果其在交易品种、交易方式、安全和费用四个方面都比较好，就可以算是一个比较好的交易平台。

要构建理想的基金组合，肯定离不开充分的信息。在证券市场相对成熟稳定的发达国家中，股票型基金的平均收益率是在10%至20%之间，也存在亏损和负收益的风险。因此，及时掌握有利的市场交易信息，才能为理想基金组合的构建以及以后的监控调整提供一定的依据。

人员也是一个不能忽视的条件。随着基金产品的丰富化和交易方式的多样化，基金理财成为越来越专业的事情，需要一批专业人士来帮助投资者更好地构建基金组合，这也是社会分工扩大和基金行业发展的必然结果。因此，许多基金公司就相继推出“寻找基金组合投资人”的活动，承诺只要同时持有两只本公司旗下基金的投资者，都可通过公司网站或电话报名参与“对话基金经理”的现场活动，期望以此来调动投资者的积极性。而有这样的专业人士为投资者出谋划策，后者所投资资金的收益也就有了保证。

具备了以上几个基本条件后，投资者可根据自身情况来选择基金品种，进而构建投资组合。投资者可以将个人投资分成两部分来设计：

一是侧重收益，投资于股票型基金或平衡型基金。我国现有的侧重于收益的基金包括平衡型和配置型基金，都是相对收益型基金，其投资目标通常是打败某一相对业绩标准（比如某单位基金指数或股票指数和债券指数的复合指数），其投资和风险控制都围绕这个相对业绩标准进行。所以，其各类投资的比重要根据自身具体情况而定，配置于第一部分的资产比重主要取决于个人风险偏好和具体的理财目标，如果投资者能够承受一定风险且短期内无较大资金支出计划的，则可提高该部分的配置，但建议该部分比重不要超过50%。

二是侧重安全，投资于货币市场基金和短债基金。从收益来看，侧重于安全的基金是否到期能够保本是其主要管理目标，所以除非债券收益率较高并且市场也表现出色，其到期收益会比较有限；强化配置基金通过灵活的主动式资产配置，规避市场系统性下跌风险，并在严格控制风险的基础上追求市场上涨收益，体现适中收益。因此我们建议以货币市场基金为主，因为货币市场基金赎回方便，其良好的流动性足以应付那些不是急需的日常支出。将来投资海外市场的渠道开放以后，内地投资者还可以通过基金将投资触角扩大到海外来掌握世界各地的获利机会。

时移世易，投资者构建适合自己的基金组合，也不应该是一成不变的。证券市场的走势是熊牛交替、不断变化的，各种类型的基金收益不一样，同一类型的基金也有优劣之分，同一只基金不会好到头或坏到底，所以基金组合需要及时调整才能满足既定的预期收益和对风险程度的要求，也才能达到进一步分散风险、提高收益的目的。

设计适合自己的基金投资组合

对投资者来说，安全并获取较高收益的方法是构建属于自己的投资组合。投资界有一句经典的名言可谓放之四海而皆准："不要把所有的鸡蛋都放在同一个篮子里。"投资基金自然也不能例外。尽管如此，大多数投资者在进行基金投资时却似乎经常是对"某一个篮子"表现出独特的兴趣。他们经常在购买基金时问理财顾问或者专业人士："我想买些基金，您能不能告诉我最近哪些基金的业绩表现得比较不错？"其实，每只基金都有它的优势和劣势，选好基金，关键是要根据自己的实际经济能力和所要实现的经济目标进行选择。把握原则是设计适合自己的基金投资组合的前提。

一、根据风险和收益来构建基金组合

从风险的角度看，不同基金给投资者带来的风险是不同的，其中，股票型基金风险最高，货币市场基金和保本基金风险最小，债券基金的风险居中。同时，收益和风险通常是相关联的，风险大往往收益高，风险小则收益低。比如在股票型基金中，平衡型、稳健型、指数型，比成长型和增强型的风险要低。要想获得高收益往往要承担高风险，所以，投资者在期望获得高收益时不要忘了评估自己的风险承受能力。

同时，应根据市场的行情确定各类基金的合理比例，对于组合中的基金的挑选应尽量避免选择同一家基金公司甚至同一个基金经理管理的基金，尽量避免选择相同类型同类风格的基金和相同操作理念的基金，因为这样会增加基金组合的风险。

二、根据投资期限来构造基金组合

基金组合构建以后并不等于一劳永逸，还需要做一些适时的调整。时间的长短在投资过程中是需要考虑的重要因素，因为它直接决定了投资者的投资行为。基金不应像股票一样频繁操作，但是当市场出现明显的大调整时不能无所作为，应该适当调整股票型基金的持有比例。

投资者要了解自己手中闲置资金可以运用的期限，还应该建立一些备选的候补基金，已有组合中的基金实在比不上备选的候补基金就应该更换，不应过分考虑费用，开源永远比节流重要，挣钱永远比省钱重要。

三、根据投资者自身特点来构造基金组合

面对不同类型的基金，投资者如何选择合适的基金理财产品呢？有明确的预期收益和风险程度是构建基金组合的前提。不同的投资者应该根据基金的特点、业绩等因素，并结合自身的特点，有针对性地选择基金

产品组合。根据自身特点实际上是投资者对自我风险承受能力和满意收益率的审视，因此需要结合自身的具体情况和市场的走势以及投资产品的特性才能更合理。只有确定了这个前提，才能确定各类基金的大致比例和具体基金的挑选。

常见的基金组合投资步骤和方式

一般来说，一个好的组合都会包含“核心组合模块”。在基金投资的“核心组合模块”中，货币市场基金、高等级债券类基金、收入成长型基金是必不可少的三种基金。这三种基金在投资中所占的比重主要取决于投资者的年龄、风险承受能力和财务应变能力等。那么，设计个人基金投资组合的步骤是怎样的呢？

一、选出组合中的“核心组合”

判断一个企业的价值，最重要的是看企业的核心竞争力，同样，判断一只基金的价值也要确认该基金的核心竞争力。选择三到四只业绩稳定的基金作为基金组合中的“核心组合”，这样投资者的投资将处于一个比较稳定的状态。有了新资金可逐渐增加“核心组合”部分的投资金额，而不是增加核心组合中基金的数目。比如，将60%的资金配置于核心组合，对这部分基金进行长期持有。

大盘平衡型基金尤其适合作为长期投资目标的核心组合。投资者以这个关键点——基金的核心竞争力作为选择基金的出发点。核心组合中的基金应该有很好的分散化投资并且业绩稳定，可首选费率低廉、基金经理在位期间较长、投资策略易于理解的基金。

二、适当购买一些“卫星式”小基金

在核心组合之外，可以再买进一些行业基金、新兴市场基金以及大量投资于某类股票或行业的基金，比如，将其余40%的资金根据市场情况配置于“非核心基金组合”，一般半年或一年调整一次，以实现投资多元化并增加整个基金组合的收益。如果其核心组合是大盘基金，非核心搭配应是小盘基金或行业基金。

小盘基金适合进入非核心组合，因为它比大盘基金波动性大。非核心基金组合具有较高的风险性，需要对它们加以小心控制。

三、定期观察组合中各基金的业绩表现

在投资组合确定以后，就需要定期观察组合中各基金的业绩表现。定期观察自己投资组合各基金的业绩表现，并及时和其他同类基金比较，适时对组合做出更有利的调整。假如在一定时期例如3年之内，一只基金的表现一直落后于同类其他基金，则应考虑更换这只基金。一个简单的办法是跟踪各基金在各类基金评级中的排名如何。

月满则亏，核心组合不能过多，组合应尽量向平衡的标准看齐。不要投资于较多的基金，既不利于跟踪分析，也可能会影响整体收益。一个基金配置20%，上涨10%的话，那么就有2%的收益；现在一个基金配置5%，那么上涨10%也只有0.5%的收益。

在这里需要提醒基金投资者的是：买基金要避免从众心理，应根据自身需要谨慎地选择合适的品种。投资者既要充分评估自己的收益目标和风险承受能力，也要了解所投资基金产品的类型和特性，找到适合自己的基金产品。

借鉴国际投资经验，在此给出如下一些常见的投资组合方式：

一是以资本增值为目标的投资组合。在这种基金组合中，股票型基金

或积极成长型基金所占的比例应当在40%左右，一个或一个以上的成长收入型基金应占30%，而利息率较高的债券类基金可占20%，成长收入型基金可占10%。

二是以兼顾长期资本成长为目标的投资组合。在这种基金组合中，成长收入型基金所占整体投资的比例应控制在50%左右，成长型基金或积极成长型基金应保持在20%左右，而高利率债券基金的比例可为20%，货币市场基金的比例可为10%。

三是以固定收入为目标的投资组合。这种基金组合各部分所占的比例相对来说比较灵活，投资者可选择一个或一个以上的基金，债券类基金投入25%，货币市场基金投入25%，以求得平衡稳定的收益。

为了获得更多的收益，在已确立的核心基金组合模块之外，投资者还可以适当选择一些不稳定性和专业性强的基金类型，如行业基金、市场新入基金等。

调整投资比例的基金组合策略

“不要把鸡蛋放在一个篮子里”，这是投资领域亘古不变的名言，但是，我们也没有必要把几个鸡蛋放在多个篮子里。在与投资者的交流过程中，有许多人将几万或几十万元的资金竟然投资了十几只甚至几十只基金上，而且全部是股票型基金。问题自然也就接踵而至，太多的基金使投资者无法掌握基金整体的投资风格和单个信息，最初的投资目标可能遥遥无期，要么成为一个基金的收藏者，要么成为一个基金的炒作者。

在基金组合中持有多少只基金取决于投资者需要构建多少个投资组合来达到预期目标，以及用以投资基金的资金的来源和期限。高风险的单只基金组合通常收益和损失较大，但是较少的基金数目可以获得较低的波幅。因此，从长期来看，持有一只基金的风险相对较大，增加一只基金可以明显改善波动程度，虽然回报降低了，但投资者可以不必承担较大的下跌风险。组合增加到 7 只基金以后，波动程度没有随着个数的增加出现明显的下降。由此看来，不论投资基金的资金有多大，组合 6 至 12 只基金是足够的。

根据不同的目标设置不同的投资组合，同时回避多只基金对组合贡献相似的情况，投资者才能真正做到组合时化繁为简。在一定时期或者条件下，投资者可以以固定比例投资于股票型基金、债券型基金、货币型基金等，当时机、条件、目标等发生改变时，再浮动投资比例。

固定比例投资是指对不同风险程度的基金采取恒定比例组合，如积极型、稳健型、防御型，通常不再进行比例调整。固定比例基金组合的优势在于，避免投资者过于自信或者过于敏感而频繁调整投资组合，既节省了时间和精力，又锁定了较长时间的风险收益特性，特别适合那些对证券市场没有明确判断或者不愿、不能做出明确判断的投资者。固定比例基金组合的劣势在于，可能错失某一市场上涨的良机，例如，防御型组合在牛市中错失股市大涨的机会，相对来说绝对收益率较低。

浮动比例投资是指投资者根据对市场趋势的判断，在不同的市场时期对不同风险程度的基金采取不同的组合比例，如当市场处于高位、风险加大时，降低高风险资产的比例，提高低风险、无风险资产的比例，以降低该投资的风险；当市场处于低位、估值偏低时，增大风险资产的比例，降低低风险、无风险资产的比例，从而提高潜在的收益率。浮动比例基金组合的优势在于，可以根据对股票市场、债券市场、货币市场的收益和风险的及时判断，定期调整组合，达到获得较高收益或者降低损失的目标。其劣势在于，需要投入较多的时间、精力甚至财力，甚至存在方向错误的风险。

当然，到底是采用固定比例还是采用浮动比例投资基金并不是一成不变的选择，固定比例有时候需要因人因事予以调整。一种情况是，家庭财务状况发生了较大的变化。譬如，遇到刚刚结婚、首付住房按揭贷款之后、子女开始出国留学、着手创办公司等情况，投资者就需要重新规划基金的投资比例。另一种情况是，随着年龄的增长，投资者每隔 3 至 5 年也需要动态调整基金的投资比例。一般来说，随着年龄的增长，人们对风险的承受能力逐步降低，需调整激进型理财工具和稳健型理财工具的投资比例。比如对于 60 岁以上、接近或已经退休的年长人士，不妨以货币型基金、债券型基金为主进行投资，投资股票型基金的比例最好不要长期超过 20%。

根据自身类型进行资产配置

积极型组合就是较大比例地投资于预期收益较高的基金和资产，承担的风险也相对较大；防御型组合就是较大比例地投资于低风险、超低风险的基金和资产，承担的风险相对较小。

积极型组合、防御型组合可以相机抉择，或者因人而异。相机抉择就是在市场预期较好时采取积极型组合，在市场底部或者市场转好时，逐渐增大投资的进攻性；在市场过热、估值过高时，转向防御型组合。

因人而异，就是对于不同风险偏好、不同风险承受能力的人采取不同的组合建议，如根据年龄、预期收入等因素来判断。

每个人的生活环境不同，成长的轨迹不同，对于家庭的责任也不同。年轻时，我们没有负担，自然潇潇洒洒，喜欢激进，喜欢冒险，相应的风险承受能力就强；中年时上有老，下有小，家庭责任加重，理财需要稳健，攻守兼备，风险偏好趋于中庸；年迈时，任何剧烈的波动都会影响幸福的晚年生活，因为我们几乎没有更多的能力去创造财富，所以更需要保值，风险偏好自然就趋于保守。

在不同的人生阶段，基于不同的风险偏好，选择的投资工具也应该与自己相适应。只有适合自己的，才不会造成负担，才会坚持下去，从而把投资理财变成一件快乐的事情。试想一个厌恶风险的人，即使给了他一只优秀的股票型基金，轻微的振荡都会让他心惊胆战，他又如何能坚持到最后呢？而一个风险偏好很强的人，让他稳健、稳健、再稳健，例如推荐给他货币型基金，面对微薄的收益率，他又怎么提得起兴趣呢？

投资不能简单地等同于追求所谓的回报率，投资目标不能简单地理解为选择风险低、收益高的项目。金融理财规划师（CFP）在为客户做理财规划时，往往要先请客户做一份风险测试，要求其评估自己的风险偏好，然后提供给客户切实可行的投资产品。个人应当依据自己的风险承受能力，进行合理的投资。

依据风险偏好的不同，应该采取不同的投资组合，比较典型的就是根据风险收益偏好的不同构建积极型基金组合、稳健型基金组合和防御型基金组合。对于厌恶风险的人，适用于保守型、防御型组合，甚至保本组合，一般建议是，基金组合比例为 1 份股票型基金，2 份股债混合型基金，3 份债券型基金。对于愿意冒险、追求高收益的人，应采取积极型组合，以股票型基金为主，一般建议是，基金组合比例为 3 份股票型基金，2 份股债混合型基金，1 份债券型基金。相对中庸的人，就可构建稳健型的基金组合，一般建议是，基金组合比例为 1 份股票型基金，1 份股债混合型基金，1 份债券型基金。事实上，基金组合没有好坏之分，没有最好的，只有最适合自己的。每位投资者都要评估自己的风险偏好，确认自己的投资风险承受能力，只有这样才能事半功倍。

总之，基金投资者可以根据自己是激进型、积极型、稳健型、保守型和安益型这五大类中的哪一类来进行不同的资产配置。

根据性格色彩进行基金组合

基金组合没有最好的选择，只有最合适的选择。按照不同的风险收益特征，可以将投资者分为保守型、中庸型和积极型，进而推荐三类不同的基金投资组合。同理，按照不同的性格色彩组合，也可以将投资者分为红色、黄色、蓝色、绿色四种性格类型，进而推荐四类不同的基金投资组合。现在较为流行的“性格色彩学”，因其显著的实用性和适用性，而被广泛地应用于工作和生活的方方面面，正在悄然但深刻地改变了许多人的职业生涯和情感人生。编者认为，如果根据投资者的性格色彩构造投资组合，将会比传统的按照风险收益特征构造投资组合更加符合投资者的心理需求，从而更加有助于完善投资者的投资生涯，为其财富人生添彩。

根据“性格色彩学”的原理，人的性格大致可以分为四大类型，即红色、黄色、蓝色、绿色。对于黄色性格的投资者，推荐3比2比1的基金投资组合，即3份股票型基金，2份股债混合型基金，1份债券型基金；对于绿色性格的投资者，推荐1比2比3的基金投资组合；对于红色性格和蓝色性格的投资者，推荐1比1比1的基金投资组合。

整体而言，上述基金组合有利于充分发挥人的性格优势，同时克服人的性格局限。对于黄色性格的人来说，其投资理财的天性是愿赌服输，而且投资理财的期望值较高，承受风险的能力也较强。为了达成投资目标，可以忍受暂时痛苦的投资过程，在实际生活中往往能赚大钱，也可能亏大本。向黄色性格的投资者推荐构造3比2比1的基金投资组合，既可以满足其较强的赌性，促使其达到较高的投资收益目标，又可以对冲其中存在的较大的风险，避免出现亏损过大的结果。

对于绿色性格的人来说，其投资理财的天性是看淡盈亏，投资理财的意愿不足，通常只是碍于情面或者从众做些投资，期望值不高。向绿色性格的投资者推荐构造比为1比2比3的基金投资者组合，可以鼓励其克服投资惰性，帮助其实现既较为稳健可靠又足以淡定人生的投资目标。

对于红色性格的人来说，其投资理财的天性是以投资为乐，投资目标时高时低、时东时西，风险承受能力也时高时低、时好时坏。向红色性格的投资者推荐构造比为1比1比1且较为均衡稳定的基金组合，其中的股票型基金最好既包括主动型股票基金又包括指数型股票基金，或者既包括开放式基金又包括封闭型基金，其中债券型基金部分也可以考虑一下保本型基金。这样的基金组合，既可以满足红色性格的人体验投资的心理需求，促使其随时关注不同投资市场的动态变化，又可以克服其因为情绪变化而频繁变动投资组合的惯性，从而熨平过于波动的投资收益和风险。

向蓝色性格的投资者也推荐构造比为1比1比1的基金组合，同样，其中的股票型基金最好既包括主动型股票基金又包括指数型股票基金，或者既包括开放式基金又包括封闭式基金，其中债券型基金部分也可以考虑一下保本型基金。推荐这样的基金组合，是因为蓝色性格的人往往习惯基于自己的冷静分析来动态调整投资组合。如果基金组合较为均衡稳定，第一，可以发挥蓝色性格的人乐于也擅长分析的特长，让其保持对不同类型基金的分析判断能力；第二，可以克服其因为多疑而不投资或过于相信自己的分析而频繁变动投资组合的天性。

股票型基金投资组合的方法

过去的市场行情证明，股票型基金确实带给投资者较高的回报。但是投资者在投资股票基金的同时，也要承担相当高的风险。如何通过构建股票型基金组合让资产在未来一段时期内实现最大增值，自然成为投资者十分关注的问题。在这里，我们将为基金投资者提供一个股票型基金组合构建的思路。

一般说来，股票型基金将60%至95%的资金投资于股票市场，但股票型基金并不等同于股票，专业的基金管理人为了降低它的风险，会利用其信息优势和专业特长将资金分别投资于几十只股票，分散由于个别股票价格下降给投资组合带来的风险。在这种背景下，构建股票型基金组合来让资产增值就显得势在必行。而接下来，就可以根据自己的实际情况来布局股票型基金投资组合。

在构建组合之前，需要对股票型基金市场有一个大致的了解。在不同股票之间的组合，是证券投资最主要的工具，而不同种类的股票之间的差别很大，这种差别主要来自股票发行公司，公司经营性质、经营范围、经营业绩等方面的差异。

从投资组合的角度看，股票本身的差别性增加了投资组合的复杂性，也给实现多种投资目标带来了机会。对各种股票进行选择组合，关键是根据各基金公司的特点及股票在证券市场上的表现来加以鉴别，掌握其风险与收益方面的特性。

根据股票特性把股票分为以下几类：一是所属股份公司经常赢利及其股利分配较为稳定的蓝筹股；二是其所属公司增长速度高于国民经济平均

增长速度或行业平均增长速度的成长股；三是因受到众多投资者追捧的概念股；四是受经济周期波动影响很小的防御股；五是业绩不佳、市场冷淡的新入股等。这些不同类型的股票在不同的环境影响下会呈现出各不相同的收益风险特征。所以投资者应力求根据自身的投资目标，选择不同类型的基金进行组合，形成较为理想的投资组合。

鉴于上述分析，在构建基金组合时，投资者如果对近期市场尚有顾虑，可以采取更为稳妥的建仓策略，即先介入稳健型品种，随着市场的强度增加再逐渐过渡到适度进攻型品种及新基金品种。这也是基金经理常常采用的方法。

如果投资者把全部资金投资在股票型基金上，那么这就是在投机，而不是投资。应将资金分别投资在风险不同、收益不同的产品上，比如一半存起来或者买货币基金，一小部分为自己买保险或者债券型基金，用剩下的那一小部分去投资股票型基金。这样的组合就使风险被有效地控制在了可接受的范围内。

股票型基金既不会100%地持有股票，也不会100%地不持有股票。如果股票型基金发生6.5%亏损的时候，其持有股票的亏损水平一般还要更高。基金的股票投资收益通常至少会超越大盘3至6个百分点，据此保守推算，如果对应股票型基金的股票资产亏损率为12.2%，大盘整体跌幅应在15%至18%之间，其风险承受力是相当强的。其实，很多理性的机构投资者都认为市场向上的空间要比向下的空间大得多。如果采取这一“保本增强”方案，即使市场有一定幅度的下跌，投资者保本的概率也是很高的。

可见，在基金产品线上，虽然股票型基金仍然处于高风险的一端，但是，通过适当的组合搭配和风险管理，还是可以使整个基金投资组合具备承担一定风险的能力。而系统、合理、审慎、有效的风险管理是投资者赖以生存和发展的基础,也是从根本上保护自身利益的基本保障。那么,如何才能发现自己的股票型基金组合是否暗藏风险并锁定风险呢?投资者应关注以下四个问题:

一、是否忽略了投资的均衡配置

一些基金管理公司可以为投资者提供诸如投资风格箱之类的专业工具，可以帮助投资者建立多样化的投资组合。但是，就算投资者精心从风格箱的不同角落挑选不同风格的基金来构建自己的投资组合，投资者仍无法避免因为持有一种风格的基金过多而使组合显得臃肿。因此，投资者应考虑“均衡配置”。其中，行业均衡就是不过于偏重某几个行业而押注过重；品种均衡则是指在基金组合里，考虑不同风格的基金，这样不论市场热点如何变动，基金组合都会有所受益，基金净值的表现也会比较平稳。

二、是否在债券型基金中冒险

债券型基金比股票型基金会给投资者带来更稳健的回报。但是，这并不代表债券型基金是零风险的资产。一些业绩表现尚佳的债券型基金持有债券资产久期较长或所投资的债券信用等级较低，这都会增加债券基金的潜在风险。久期和信用素质是投资债券基金的两个基本要素。债券久期是衡量这种敏感性最重要和最主要的标准。债券基金的信用素质取决于所投资债券的信用等级。

三、是否为更多的隐蔽成本埋单

投资基金不一定能赚钱，但一定要缴付费用。目前，基金的良好表现引来了投资者的注目，如何选基金成为他们关心的热点问题。关注基金的表现固然重要，全面衡量基金的费用也不容忽视。收费模式并非单一化，不同的费用，其收费标准也不一样，那么投资者是否无意识地在为更多潜在成本埋单了呢？

四、交易是否过于频繁

投资者一般会很关注基金投资组合的风险，而往往忽略了自身的投资行为给基金组合带来的潜在的风险和成本。还有一些投资者会出于某些目的而频繁买卖基金，这种过度交易行为通常会侵害长期投资者的利益，摊薄长期投资者的既有收益；同时，过度交易还会干扰基金经理正常管理其投资组合，从而提高基金的交易成本。

将基金与国债进行投资组合

无论采用哪种投资方式，都会遇到不可避免的一个问题：既然是投资，就要面对风险。那么，在低风险区进行投资组合有没有什么标准呢？答案是肯定的。

一、所选基金的反弹能力强

一般来说，在持续下跌的过程中，那些股票仓位较轻、持股比例分散的基金相对抗跌。但是，在市场出现逆转之后，那些仓位较重，并且是集中持股的基金通常表现得更为出色。因此，如果投资者认可当前市场已经步入下跌尾声的话，那么其所选择投资的基金则应该是那些历史仓位和持股集中度高的基金，或者是那些市场感觉敏锐的小盘基金。

二、所选基金的抗风险能力强

从管理的角度来看，具有大股东背景的合资基金一般优于普通的国内基金，开放式基金也一般优于封闭式基金。但是，若从选择基金的角度出发，由于国内多数基金选股思路雷同，国内市场又缺乏有效的避险手段，因此多数基金的抗风险能力的差距并不大。一旦市场行情大规模走阴，基础市场的走势将使得绝大多数以股票市场为主要投资对象的基金净值损失严重，因此，基金公司的风险控制情况值得投资者密切关注。当前封闭式基金的高折价实质上相当于为投资者提供了一个投资保险。

选择低风险区域的基金固然风险较低，但是从实际情况来看其风险大致在 –1%至 –8%，而收益也只有 1%至 10%。相比之下，国债的风险就要低得多，所以将基金与国债进行投资组合更能进一步降低风险，取得更为稳健的收益。

在具体的挑选过程中，投资者应注意选择优秀的股票型基金再加上流动性股票，因为投票型基金的收益相对较高，而流动性好的国债则可以使投资者在万一资金发生紧缺时，可以先从国债中套取资金，最后再选择股票型基金的赎回。

基金组合投资应避开的误区

投资人不妨从整体角度检查一下自己的基金组合是否存在以下这些误区：

一、没有明确的投资目标

投资不能无的放矢，但时间久了，投资者很容易忽略某项投资的存在目的。股票基金通常扮演着资本增值的角色，而投资于债券型基金或者准货币市场基金往往是为了获得稳定的收益。投资者可以不追随成长型、热门股票、增加其在组合中的比重，但一定要清楚自己持有的组合所期望达到的目的。例如，要确保五年后当你的子女获得大学入学通知书时，你有足够的资金供其完成学业；又如，出于10年后退休养老的考虑，投资者希望这段期间基金的组合收益能够超出通货膨胀率4%以上。因此，投资人应仔细思考投资目标和投资需求的优先顺序，以及原先的目标和需求顺序是否发生改变。如果组合中某项投资不能实现目标，应考虑将其更换出局。

二、没有核心组合

如果投资者持有许多基金却不清楚为何选择它们，则其基金组合可能缺少核心组合。针对每项投资目标，投资者应选择三至四只业绩稳定的基金构成核心组合，其资产可以占到整个组合的70%至80%。在境外，许多投资者选择大盘平衡型基金作为核心组合。

三、非核心投资过多

核心组合外的非核心投资可增加组合的收益，但同时也具有较高的风险。如果投资者投资过多的非核心部分，可能会在不知不觉中承担了过高的风险，而阻碍了投资目标的实现。

四、组合失衡

好的基金组合应是一个均衡的组合，即组合中各类资产的比例应维持在相对稳定的状态。随着时间的推移，各项投资的表现各有高低，如果某些投资表现得特别好或特别差，会使整个组合失衡。例如，组合原有的资产比例为中期债券占25%，小盘成长股占10%和大盘价值股占65%。如果小盘成长股大涨，可能使组合中小盘成长股的比重大增。投资者应定期调整组合的资产比例，使之恢复原有状态。

五、基金数目太多

如果持有基金数目过多，投资人看着冗长的基金名单，往往会眼花缭乱、不知所措。不妨借助“该基金能否充当组合中的某个角色”的标准进行筛选：该基金是充当核心投资还是非核心投资？如果是核心投资，其所占比例是否比其他非核心投资高？通过资产的重新配置，投资者可使组合中的基金数目减少而增加各基金的比重。

六、同类基金选择失当

投资者持有的基金是什么风格？投资者是否持有过多同类风格的基金？投资者可将持有的基金按风格分类，并确定各类风格基金的比例。某类基金的数目过多时，应考虑选择同类业绩排名中的较好者，而卖出排名较差者。

七、费用水平过高

如果两只基金在风格、业绩等方面都相似，投资人不妨选择费用较低的基金。从较长时期看，年度运作费率为0.5%的基金和2%的基金在收益上会有很大差别。

八、没有设定卖出的标准

投资者应设定卖出基金的量化标准。例如，投资者可以接受15%的损失，但20%的亏损会令其寝食不安。此外，如果更换基金经理，投资者是卖出基金还是将其列入“观察名单”？投资者衡量基金表现的业绩基准是什么？投资者可接受基金收益低于业绩基准的最长期限是多长？投资者还可结合自身需要设计其他标准。

针对上述误区，专家的建议是：任何投资都有风险，基金亦不例外。要想在风险与收益之间找到平衡点，投资者应坚持“不把鸡蛋放在一个篮子”里的策略，可根据自身的风险偏好、风险承受力、期望收益率等设计合适的基金组合。

首先，要根据风险承受力确定明确的投资目标，选择3至4只业绩稳定的基金，构成核心组合。通常，大盘平衡型基金较适合作为长期投资目标的核心组合。而短期和中期波动性较大的基金，则比较适合作为短期投资目标的核心组合。投资者不妨集中投资几只可实现投资目标的基金，再逐渐增加投资金额。

其次，在核心组合之外，可购买一些新兴市场基金、行业基金，以实现投资多元化并增加基金组合的收益。同时，由于小盘基金比大盘基金的波动性大，因此也适合进入非核心组合。也就是说，核心组合是大盘基金，非核心搭配则是小盘基金或行业基金。但这些非核心组合的基金具有较高风险，对其要加以限制。

对于组合中各基金的业绩表现，投资者应定期观察，将其风险和收益与同类基金进行比较，并适时更换。

此外，基金组合要注意避免一些问题，譬如，缺乏明确的投资目标、没有核心组合，以及组合失衡、基金数目太多、没有设定卖出的标准、同类基金选择不当等。

第七章　规避风险，制胜之道

基金投资风险与收益是并存的，大部分投资者都存在一种基金上涨舍不得买、基金下跌舍不得卖的心态，最终落得个深套或者腰斩的结果。有时候，过度的贪婪和恐慌可以使投资者陷入更大的风险之中。这部分内容着重介绍了规避基金风险的常识和技巧，帮助投资者在投资中尽可能一帆风顺地取得收益。

基金投资有哪些风险

基金和股票、债券等金融产品一样，都具有风险，因为属于不同的金融产品，所以风险水平也是不同的。能够真正理解基金定投在家庭理财配置中所起重要作用的投资者仍然乏善可陈，多数投资者在投资基金的过程中，选取的是不定期的大笔买入方式。这种方式抱有投机心理，低点买进高点卖出本无可厚非，但是对投资者来说，风险无处不在。

一是开放式基金的申购及赎回的未知价风险。投资者在当日进行申购、赎回基金单位时，所参考的单位资产净值是上一个基金开放日的数据，而对于基金单位资产净值在自上一交易日至开放日当日所发生的变化，投资者无法预知，因此投资者在申购、赎回时无法知道交易会以什么价格成交，这就是开放式基金的申购、赎回中面临的价格未知风险。

二是开放式基金的投资风险，包括股票投资风险和债券投资风险。其中，股票投资风险主要取决于上市公司的经营风险、证券市场风险和经济周期波动风险等。债券投资风险主要指利率变动影响债券投资收益的风险和债券投资的信用风险。基金的投资目标不同，其投资风险通常也不同。收益型基金的投资风险最低，成长型基金风险最高，平衡型基金居中。投资者可根据自己的风险承受能力，选择适合自己财务状况和投资目标的基金品种。

三是不可抗力风险，如战争、自然灾害等不可抗力发生时给基金投资者带来的风险。

四是市场风险，主要包括是政策风险、经济周期风险、利率风险、上市公司经营风险、购买力风险等。

五是政策风险，是因国家宏观政策（如货币政策、财政政策、行业政策、地区发展政策等）发生变化，导致市场价格波动而产生的风险。

六是经济周期风险。随着经济运行的周期性变化，各个行业及上市公司的赢利水平也呈周期性变化，从而影响到个股乃至整个行业板块的二级市场的走势。

七是利率风险，市场利率的波动会导致证券市场价格和收益率的变动。利率直接影响着国债的价格和收益率，影响着企业的融资成本和利润。基金投资于国债和股票，其收益水平会受到利率变化的影响。

八是上市公司经营风险，是指上市公司的经营好坏受多种因素影响，如管理能力、财务状况、市场前景、行业竞争、人员素质等，这些都会导致企业的赢利发生变化。如果基金所投资的上市公司经营不善，其股票价格可能下跌，或者能够用于分配的利润减少，使基金投资收益下降。虽然基金可以通过投资多样化来分散这种非系统风险，但不能完全规避。

九是购买力风险，是指基金的利润将主要通过现金形式来进行分配，而现金可能因为通货膨胀的影响而导致购买力下降，从而使基金的实际收益下降。

如何应对基金投资风险

投资者该如何应对基金投资风险呢？以下办法可供参照。

一、学习相关知识

要了解和掌握证券投资基金的基本知识以及我国有关投资基金的主要法律法规，主要包括：证券投资基金的种类、特点、优势、风险、不同的基金类别该如何买卖、如何对基金进行分析和评价、相关的费用情况、基金评价指标和年报的解读以及有关投资基金的相关法律文件等。

当然，并不是说只要掌握了基金的基本知识，投资者就能避免投资于基金的风险，但从应对风险的角度看，这是基金投资者应该具备的基本要求。

二、适合的才是最好的

明确不同基金的投资目标和投资风格，选择适合自己的基金品种。不同的基金类别都有不同的投资方向和投资范围，有的侧重于投资一些创新类上市公司以实现基金的投资收益，有的侧重于投资稳健类上市公司以实现基金的稳定收益。不同的投资目标，其获利水平和风险大小也不相同，这就需要投资者根据各自的投资偏好，选择适合自己的基金品种，减少投资的盲目性。

三、要对基金管理公司、管理人情况做具体的了解

由于基金是由具体的基金管理公司来管理和运作的，而基金管理公司的管理和运作水平都会影响到其管理的基金的业绩水平。为此，投资者

应从基金管理公司背景、所管理基金的以往业绩水平、信誉、组织结构、管理机制、管理人员的投资经验、业务素质等不同的方面了解基金管理公司的具体情况，为投资决策做一个参考。

四、要树立正确的投资理念，立足长期投资

一般来讲，证券投资基金作为一种投资品种，比较适合中长期投资，投资者应该以一种中长期的投资理念来投资，而不是频繁地短线进出。当然市场有时也存在着做短线、赚取差价的机会，但投资者一般在正确选择了具体的基金投资品种之后，就应立足于长期投资，避免频繁地短线进出掉换基金，造成一些不必要的损失。

五、要及时关注基金业绩水平的变化和相关信息的披露

投资于基金之后，投资者还应该经常了解一下自己所买基金的业绩水平和相关信息披露，包括：基金净值公告、基金季度投资组合公告、基金中报、基金年报以及一些临时的信息公告等，以便能及时掌握基金的具体运作情况，以利于下一步的投资决策。

如何衡量基金的风险系数

投资者在入市时首先需要了解基金的风险常识。以下将介绍衡量基金风险最常见的两种工具，即标准差和 β 系数。

标准差是指过去一段时期内，基金每个月的收益率相对于平均月收益率的偏差幅度的大小。基金的每月收益波动越大，那么它的标准差也越大。例如，基金 A 在过去 36 个月内每月的收益率都是 1%，那么其标准差为 0。

基金B的月收益率是不断变化的，一个月是5%，下一个月是25%，再下一个月是-7%，那么基金B的标准差则大于基金A的标准差。而基金C每个月都亏损1%，其标准差也为0。

实际上，标准差所量化的对象是投资组合收益的波动，而不是投资组合中的风险，因为标准差并没有体现基金的下行风险，即亏损的可能性。正如上例所示，尽管基金B的标准差较大，但其风险并不一定比基金C的风险大。换言之，标准差大的基金可能没有下行风险，而仅是收益波动很大。因此，我们最好将标准差视为衡量收益波动的手段，而应当将基金的标准差与同类型基金或者业绩评价基准的标准差进行比较。因为单看标准差本身的绝对数字并不能直观地显示其含义。例如，7%的标准差比5%高，但这个数值对于某只基金来说，是高还是低呢？

用β系数衡量基金收益相对于业绩评价基准收益的总体波动性，是一个相对指标。β系数越高，意味着基金相对于业绩评价基准的波动性越大。β系数大于1，则基金的波动性大于业绩评价基准的波动性。反之亦然。

如果β系数为1，则市场上涨10%，基金上涨10%；市场下滑10%，基金相应下滑10%。如果β系数为1.1，市场上涨10%时，基金上涨11%；市场下滑10%时，基金下滑11%。如果β系数为0.9，市场上涨10%时，基金上涨9%；市场下滑10%时，基金下滑9%。

值得注意的是，β系数能否有效地衡量风险，在很大程度受基金与业绩评价基准相关性的影响。如果将基金与一个不大相关的业绩评价基准进行比较，计算出来的β系数就没有意义。所以在考察β系数时，应当同时考察另一个指标，即R平方。

R平方为1，则基金与业绩评价基准是完全相关的。R平方为0，意味着两者是不相关的。R平方越低，β系数作为基金波动性指标的可靠性越低。R 平方越接近 1，β 系数则越能体现基金的波动性。在晨星的基金评价体系中，同时列示了 β 系数和 R 平方。

用统计工具作为风险衡量指标，是一种较好的考察基金风险的手段，但投资者应当记住，不能仅仅根据一个风险衡量指标来做决策。低的风险衡量指标并不能保证投资的百分之百安全，因为没有任何指标能完全准确地预测基金未来的风险。

标准差（波动幅度）越大，代表收益率变动越高，则风险越大；β 系数值越大，收益变化幅度相对大盘越大，β 系数越小，相对大盘变化越小，如果是负值则显示基金与大盘变动方向相反。

考察基金业绩应当不仅考虑收益，还应考察为获取收益而承担的风险。前面我们介绍了如何衡量基金以往的风险，那么如何用风险对基金收益进行调整呢？ α 系数和夏普指数是两种常用工具，其具体的量化指标有些枯燥，我们不妨从了解其计算方法和优缺点开始。

α 系数是基金的实际收益和按照 β 系数计算的期望收益之间的差额，其计算方法如下：超额收益是基金的收益减去无风险投资收益（在美国为 90 天国债收益率）；期望收益是 β 系数和市场收益的乘积，反映基金由于市场整体变动而获得的收益；超额收益和期望收益的差额即 α 系数。例如，A 基金相对某个指数的 β 系数为 1.1，该指数收益为 30%，90 天国债收益是 4%，基金收益 35%，则 α 系数=（35% –4%）–[1.1×（30%–4%）]=2.4。

α 系数也有一定的缺陷。第一，其根据 β 系数计算出来，所以受基金和业绩基准（如上述指数）的相关性影响，如果两者相关性很低，则 β 系数的有效性也不大。第二，不能说明亏损是由基金经理的能力还是基金的费用造成的。例如，指数基金的投资组合模仿选定的指数，基金经理并不需要选股，理论上 α 系数为零。但美国许多指数基金的 α 系数为负，在此情况下，α 系数只反映基金的管理费、托管费、证券交易费用等费用水平。第三，不方便基金之间的比较。如果和一组基金进行比较，就要先求出这组基金的平均 α 系数，而不能直接得出结论。

夏普指数是将基金的收益减去无风险投资收益，再除以基金的标准差。例如，基金收益是25%，标准差为10，90天国债的收益是5%，夏普指数则为2.0。夏普指数越高，基金风险调整后的回报率越高。

夏普指数的主要优点是用标准差作为风险调整的指标，从而不存在与业绩基准的相关性问题。任何类型基金的标准差计算方法都一样，所以可用夏普指数在不同类型的基金之间进行比较。夏普指数的缺点在于，单凭一个绝对数字难以评定其高低，必须与其他基金或一组基金的夏普指数进行比较，才能对基金业绩有进一步的了解。

α 系数和夏普指数都是客观的量化指标，但不能说明基金的全部情况。例如用其评估基金过去时段的收益时，没有考虑到基金经理的变更，而基金经理的投资决策直接影响着基金的业绩。

评估时期越长，指标所体现的风险调整后的表现越准确，所以投资者应当同时考察基金收益的连续性。在考虑基金平均收益的基础上，进一步考察其每年的收益，然后将每年收益和同类基金中平均水准的基金以及相关的业绩基准进行比较。因此，在选择基金的时候，可以先按夏普指数进行排序，再对最好的几只基金做进一步研究，但还需要考虑基金的管理者、投资风格、费用水平以及投资组合的内在风险等因素。

做好基金投资前的准备工作

投资基金不仅要做好资金准备，还需了解基金的相关知识，掌握投资的方法和技巧，做好充分的心理准备，并保持一个良好的心理。只有这样，才能在投资基金时做出正确的选择并有所斩获。

一、做好承担风险的心理准备

投资基金“大赚特赚”及“大火特火”的利好消息总是在人们的耳边出现，但是每个投资者都应当清醒地认识到，过去发生的事儿未必代表着将来也必然会发生。基金不同于银行储蓄，也不同于债券，投资者投资基金，有可能获得较高的收益，也有可能损失本金。选择不同类型的基金要承担不同的风险，也将获得不同的收益。

很多投资者在急匆匆地申购或认购基金的时候，往往脑子里只是想到了赚钱，却没有看到就像每盒香烟上都印着“吸烟有害健康”一样，每只基金产品的说明书上也都写着“基金的过往业绩并不预示其未来表现”的风险提示。基民在自己具备承担风险能力的客观条件下，也要为自己做足承担风险的精神准备。

一般而言，风险与收益是成正比的，高风险往往蕴涵着高收益，高收益背后往往隐藏着高风险。因此，投资者不要将所有的钱都投资在积极的股票型基金上，因为股市中总有难以预料的风险。而为了更加安全，投资者应预留出一定的生活应急费用后再做投资，借来的钱也是不适合投资基金的。投资者应当在清楚自己的风险承受力后再进行有选择地投资。

一般来讲，获取收益的可能越大，承担的风险也越大。不同基金的风险程度是不一样的，股票型基金风险最高，债券型基金的风险居中，货币市场基金风险最小。而相同品种的投资基金由于投资风格和策略不同，风险也会有所区别。例如，股票型基金按风险程度又可分为平衡型、稳健型、指数型、成长型及增长型。投资者应根据自己的承受能力选择具有适当风险的基金，并且随时做好承担风险的心理准备。

二、对收益率有一个合理的心理预期

投资基金当然是为了获取更高的收益，但是投资者也要学会知足常乐，在适当的时机赎回（或卖出）基金，就像撒网捕鱼一样，不能等到渔网满了再收，那样可能最后连一条鱼都捕不到。选择不同的基金其收益可能是非常不同的，投资者应当根据自己的情况确定自己的合理的心理预期收益率，在适当的时机赎回。比如，如果投资者认为20%的收益率已经很高了，那么投资者尽可以在净值升到这个水平时毫不犹豫地赎回。假如投资者想更多地赚取利益，那么就要在波段上涨的过程中准确地判断形势，并谨慎地做出赎回决定。

当然，凡事都要有个度，预期偏高的结果，往往也会造成一些净值急落之后的遗憾。

三、做好长期持有基金的准备

虽然投资基金要选择适当的时机赎回，但是总体而言，投资基金应当有长期持有的心理准备，因为基金是适合于长期投资的。也有的投资者将基金当做股票一样，采用短期持有的策略，即所谓“炒”基金，期望通过选对时点和提高资金运作效率，以获得更高收益，但实际效果往往适得其反。

实践证明，短期持有基金，并频繁地申购赎回所带来的实际投资收益，往往没有长期持有该基金所获得的收益丰厚。这是因为，一方面频繁地申购赎回股票型基金，不但花费大量的精力和时间，而且由于选时操作不可能做到次次精准，很容易错过真正上涨的机会。另一方面，交易成本不划算，申购并赎回股票基金的一次性费用一般在2%左右，在基金净值不变的前提下，买卖五次的成本便高达10%。不难看出，如此操作将使投资者的实际收益大打折扣。

所以，投资者要做好长期持有一个基金的心理准备，在买入基金前多花些工夫做功课，深入了解要购买的基金，包括它的特点、契约、基金管理人即基金公司的品质，甚至管理该基金的基金经理的投资风格等。在综合考虑各方面的因素后，选择适合自己投资收益目标和风险承受能力的基金，长期持有以获得更加丰厚的回报。

确定基金的投资目标和需要

所谓基金的投资目标，是指对基金投资所具有的风险与收益状况的描述，简单说来就是当购买基金之后，预期收益率是多少？而为了获得这个收益，又需要承担多少风险？每一只基金都会有自己的投资目标，投资目标明确了该基金日后具体的投资方向，决定了其在股票和债券上的资产配置情况。根据投资目标，投资者可以了解到基金投资所具有的风险与收益状况。

不同基金的投资目标是不同的，按照投资目标的差异，基金可以分为三类：成长型、价值型和平衡型基金。成长型基金是指以追求资本增值为基本目标，较少考虑当期收入的基金，主要以具有良好增长潜力的股票为投资对象。它可使投资者的资金获得大幅度增值，收益也较高，但承担的风险也较大。价值型基金是指以追求稳定的经常性收入为基本目标的基金，主要以大盘蓝筹股、公司债券、政府债券等稳定收益证券为投资对象。它适合保守型投资策略的需要，可为投资者带来比较稳定的经常性收入，又有较能保证资金安全与容易套现的好处，如货币市场基金、债券基金、优先股基金、蓝筹股基金等。平衡型基金则是既注重资本增值又注重当期收入的一类基金，收益和风险则介于成长型基金与收入型基金之间。

投资者在投资基金的时候也需要确定自己的投资需求，选择利于实现自己投资需求的基金。基于投资者社会地位不同、年龄大小不同、收入水平差别、理财观念各异及性格层次分明，投资需求也因人而异，所以在投资选择上也有很大的差别。

不同的基金产品有不同的风险收益特征。投资者在选择时，应当充分考虑到自身的风险承受能力、性格特点及投资者偏好等各方面的因素，明确自己的需求，根据自己的需求选择合适的基金。

很多中小投资者往往热衷于阅读关于各类明星基金、明星经理、明星个股的报道，并据此来决定资产的配置与基金投资品种的选择，这是一种非常错误的做法。因为并不存在“明星基金”，也不存在真的能够稳赚不赔的基金，购买某个或某类基金产品，是由自身的理财需求所决定的，只有适合自身需要的基金才是投资者应当选择的基金。

那么，投资者怎样从基金的投资目标和需要两个方面来进行投资呢？应该从以下几个方面着手考虑。

一、明确自身的风险承受能力

购买基金的投资者必须要有风险意识，要清楚自己所能承担的风险，不要购买超出自己承受能力之外的高风险基金，以免一旦失败造成严重的影响。选择可以承受其风险的基金，将使投资者在面对基金净值的波动时，不会有过多的焦虑，不会感到惊恐不安，而会用正常的心态去面对基金投资。

希望获取高收益、愿意承受一定风险的人，可更多地选择股票型基金；而希望获得稳定回报的投资者，投资混合型、债券型基金则比较适宜，一些由不同类型基金组成的组合产品也是不错的选择；而若想让手头的现金有更好的收益，则应考虑货币市场基金。

比如，年龄在25至35岁的投资者，正处于事业的创业期和上升期，面临组建家庭、买车、买房和生育子女的问题，由于相对年轻，事业周期会比较长，可以承担高风险，所以可以选择进取型策略，即购买成长型基金。而如果正值50岁或者接近退休年龄，资金的使用地方会更多，对风险的承受能力自然变弱，这时就应当选择保守型的策略，即购买价值型基金。投资目标的选择要和个人的需要和风险承担能力相当，只要认清自己的现状，选择与之相适应的目标策略就可以实现自己的投资目的。

二、适合自身的性格特点

急于实现基金净值的快速增长，投资者适合选择指数型基金和股票型基金；希望规避风险的投资者适合选择货币市场基金和债券型基金；追求稳健的投资者适合选择平衡型基金。

三、与自身的投资偏好相结合

习惯于短线波段操作的投资者，可以选择净值“波动”较大的股票型基金；对于坚持长线投资的投资者来说，其期望净值能平稳持续地增长，债券型基金应该是不错的选择。

四、考虑自身的多种需求

投资者不要将鸡蛋放在同一个篮子里，不要将所有的积蓄都拿来投资基金，更不要将全部资金集中于股票型基金，或者全部集中于债券型基金或货币市场基金。基金也是有一定风险的，投资者应当发掘自身的多种需求，科学合理地分配自己的资金，如用于保险、储蓄等，即使是投资基金也要选择多个品种的基金，以分散风险。

所谓基金，无非就是对具有不同收益风险特征的投资工具进行合理的组合，来满足投资者的需求。所以，投资者在选择基金前应当先明确自身的需求，从而合理有效地规避基金风险。如果简单地从迎合市场趋势或市场热点而不是从自身理财需求的角度出发去选基金，那么最后受损失的只能是投资者自己。

基金风险等级的主要特征

任何投资行为都具有风险性，基金投资自然也不例外。目前，开放式基金已成为投资主流，因此在这里有必要就其风险性予以阐释。相信这一风险分析对其他投资途径和方式也有借鉴意义。

投资类型是指投资者的整体资产配置类型，例如三三式，是用三分之一买股票（包括基金等），三分之一买黄金，三分之一留作现金。而基金类型则是指基金运作的类型。一概而论，可以赎回的叫开放式基金，不可以赎回只能在二手市场上像股票一样买卖的叫封闭式基金，资产配置模式倾向不同的又有区分。

封闭式基金风险大于开放式基金。

股票型基金风险大于货币型基金和债券型基金。

混合型基金的风险由其资产配置决定。

积极型股票基金风险大于被动指数型股票基金。

但是即使有了以上的比较，一个封闭式的债券型基金的风险跟开放式的被动指数型股票基金相比，其风险程度也是很难衡量的，因为风险的内容不同，用数理模型算出来的反而是不理智的。

按照基金平均股票仓位和业绩波动率两项指标计算风险得分，然后求均值得到基金产品的风险得分。基金产品的风险分为五个等级，依据风险从高到低，依次为高风险、较高风险、中风险、较低风险和低风险。

风险等级的主要特征如下：

高风险股票型基金风险得分≥ 4.5。

较高风险股票型基金、混合型基金风险得分为3.5至4.4。

中风险混合型基金、债券型基金风险得分为2.5至3.4。

较低风险混合型基金、债券型基金风险得分＜2.5。

A5风险最高，A1风险最低。

这里为读者提供一份广发证券股份有限公司于2009年9月发布的，关于基金风险等级和客户风险承受能力评价标准的公示。这份公示旨在强调不同类型的投资者需要选择不同的基金产品及构建不同的投资组合，因此，它具有一定的参考价值和指导意义。

基金风险等级划分的首要依据是基金的投资方向、投资范围和投资比例三要素，通过这三个要素来确定基金的基本风险等级。广发证券在公示中认为，基金风险具体包括五个风险等级，即低风险等级，较低风险等级、中风险等级、较高风险等级、高风险等级。

此外，广发证券依据《证券投资基金运作管理办法》等对基金进行分类：

货币型基金，即仅投资于货币市场工具的基金；

保本型基金，即含有保本（完全或部分）条款，在一段时间内，通过投资组合中固定收益类资产（债券为主）和股票、衍生金融产品的策略配置来达到基金保值、增值目标的基金；

纯债型基金，即80%以上的基金资产投资于债券，完全不参与股票权证等权益类品种投资的基金；

强债型基金，即80%以上的基金资产投资于债券，一定程度参与股票权证等权益类品种投资的基金；

混合型基金，即投资于股票、债券和货币市场工具，但股票投资和债券投资的比例不符合股票基金、债券基金规定的基金；

偏股型基金，即60%至80%以上的基金资产投资于股票的基金；

股票型基金，即80%以上的基金资产投资于股票的基金。

广发证券认为，低风险等级所对应的是货币型基金、保本型基金和纯债型基金；较低风险等级所对应的是强债型基金；中风险等级所对应的是混合型基金；较高风险等级所对应的是偏股型基金；高风险等级所对应的是股票型基金。

根据基金投资人的投资目标、投资期限、投资经验、财务状况、对于浮动亏损的心理承受水平、投资依据等方面因素，广发证券将基金投资人的风险承受能力划分为以下几种类型：

保守型，即风险承受能力极低，对收益要求不高，但追求资本绝对安全。其预期报酬率优于中长期存款利率（约3至5年），并确保本金在通货膨胀中发挥保值功能。

谨慎型，即风险承受度较低，能容忍一定幅度的本金损失，止损意识强。资产配置以低风险品种为主，少量参与股票投资。

稳健型，即风险承受度适中，偏向于资产均衡配置，能够承受一定的投资风险，同时，对资产收益的要求高于保守型、谨慎型投资者。

积极型，即偏向于激进的资产配置，对风险有较高的承受能力，投资收益预期相对较高，资产配置以股票等高风险品种为主，资产市值波动较大，除获取资本利得之外，也寻求投资差价收益。

进取型，即对风险有非常高的承受能力，资产配置以高风险投资品种为主，投机性强，利用市场波动赢取差价，追求在较短周期内的收益最大化。

广发证券对基金产品和基金投资人进行匹配的方法是：

保守型基金投资人对应低风险等级基金产品；

谨慎型基金投资人对应低风险等级和较低风险等级基金产品；

稳健型基金投资人对应低风险等级、较低风险等级和中风险等级基金产品；

积极型基金投资人对应低风险等级、较低风险等级、中风险等级和较高风险等级基金产品；

进取型基金投资人对应低风险等级、较低风险等级、中风险等级、较高风险等级和高风险等级基金产品。

基金投资风险的规避技巧

虽然投资基金有风险，但并不是说就不要去投资。既然如此，那么如何最大限度地规避风险并达到预期收益似乎是投资者更应该考虑的问题。本书编者认为，以下几点建议，可以使基金投资者更加有效地规避风险。

一、对个人风险收益偏好先要有清楚的了解

了解自己是投资的第一步。包括对自己目前的经济状况，工作的稳定性、收入状况、未来几年内可能出现的大笔现金收入及支出情况，个人的年龄、健康情况等。只有首先对个人状况有个清醒的判断和认识，才能决定自己是否有能力承受投资在未来一段时间内可能出现的风险。如果自己各方面的状况都比较好，市场短期的较大波动也不会对个人生活产生很大影响，就可以选择一些风险收益偏高的股票型基金投资；如果情况相反，就要考虑以债券、货币和一些保守配置型的基金为主进行投资了，也可辅助以很少比例的高风险基金来提高收益。

二、定期定额投资是个好方法

没有人能保证可以永远在低点买进，在高点卖出。因此，定期定额的投资方式是最适合一般投资人的投资方法。如果投资者对于市场的长期

趋势看好的话，强制性定期定额投资可以帮助投资者在高点的时候少买基金份额，低点的时候多买基金份额，长期下来，就可以使投资成本趋于市场平均水平，并获得市场长期上涨的平均收益。

在坚持定期定额的同时，最好能做到长期投资。基金的手续费都不低，而且波动比股票小，使得短线的利润不会太高，建议定期定额最少五年，十年更好，如果能够达到 20 年最好，存得越多最后领得越多，最好是用闲钱投入并暂时忽略它的存在，等十年或 20 年后再拿出来时一定相当惊人。

三、通过组合投资分散风险

购买基金无非是希望赚取利润并降低风险，所以同类型的基金或者投资方向比较一致的基金最好不要重复购买，以免达不到分散风险的目的。投资者可以根据自己的实际情况选择两到三家基金公司旗下三只左右不同风险收益的产品进行组合投资，这也是常说的“不要将鸡蛋放在同一个篮子里”。

四、巧用风险指标规避基金风险

不少股民转战基金市场，将基金作为他们的重仓。可是，大多数基民对待基金就像雾里看花，更不知道投资收益和风险的“亲密关系”。只有了解基金的风险，投资者才可以面对高回报时保持冷静的头脑。

五、掌控基金类型，降低风险系数

不同类型的基金由于投资品种和投资范围不同而呈现出不同的风险收益水平，投资者需要根据自身的风险承受能力和理财目标选择合适的基金种类。晨星排行榜中展示了七种基金分类———股票型、积极配置型、保守配置型、普通债券基金、短债基金、保本基金和货币市场基金。除去保本基金，剩余基金类型的风险和收益呈现递减的趋势。保本基金由于采用了特殊的运作机制，保本期内可以保证本金的安全。对于风险承受能力较高的投资者，股票型和积极配置型基金是合适的品种；对于风险承受能力不高，希望收益能够抵御通货膨胀、超过银行存款利息，并且保持稳健的投资者，可以选择保守配置型基金和普通债券基金。短债基金和货币市场基金进出方便，可以作为现金的蓄水池。

六，考察下跌风险为低或偏低的基金

传统投资学往往通过考察基金过往的风险来衡量基金的风险水平，最常用的工具是标准差和下行风险系数。

标准差又称波动幅度，是指过去一段时期内，基金每周（或每月）回报率相对于平均周回报（或月回报）的偏差程度大小。如果 A 基金和 B 基金长期业绩表现相当，但 A 基金净值走的是大起大落的路线，而 B 基金则是小幅攀爬的趋势，从长期来看，A 基金的标准差肯定要大于 B 基金，选择持有 A 基金的投资者将会受到净值大幅波动的风险。

标准差所量化的对象是回报的波动，没有体现正向波动（对投资者有利的）和负向波动（投资者不愿意看到的），更没有体现基金的下行风险，即低于无风险利率（一年定期存款利率）以及出现亏损的可能性。晨星采用一种考察基金下行风险的指标，即晨星风险系数，用于衡量与同类基金相比较时某只基金的下行风险，是一个相对指标。如，市场行情不好而使同类基金面临净值亏损，A 基金的亏损程度小于 B 基金时，A 基金的下行风险就小于 B 基金。对于投资者来说，如果市场下跌，下行风险较小的基金可以使投资者承受相对较小的损失。对于风险承受能力不强的投资者，尤其应该特别考察下跌风险为低或偏低的基金。

七、对收益率进行风险调整

现代投资理论的研究表明，风险的大小在决定基金组合的表现上具有基础性的作用，投资者直接以收益率的高低进行业绩的衡量存在很大的弊端。例如，表现好的基金可能是由于其所承担的风险较高使然，并不表明基金经理在组合管理上有较高的水平；而表现较差的基金可能是风险较小的基金，也并不表明基金经理的投资管理能力不尽如人意。

虽然风险统计指标不能消除基金的风险，也不能准确地预测未来，但它在一定程度上体现了基金经理的投资风格。投资者通过考察风险指标来挑选适合自己风险承受能力的基金，而不是一味地追求基金的高回报，则是基金投资中的明智之举。

第八章 避开误区，破解疑难

买了基金不赚钱，甚至出现较大幅度亏损，谁都会着急，但如果投资者仅限于抱怨市场走势不佳，自己运气太差，或归罪于某些人的误导，甚至一味地指责基金经理无能，却不肯从检讨自身的相关因素入手，则无疑将致使同样的问题反反复复发生，而使本金出现大幅缩水。其实，外因都是通过内因发挥作用的，内因才是决定性因素，之所以会买了基金不赚钱，甚至出现大幅亏损，首先在于投资者决定买入基金时的理由，如果投资者能够摆脱这部分内容所讨论的误区，则显然该投资者已经向一个成功的基民迈进了关键性的一大步。

投资基金避免误区

任何投资误区的产生，都源于以自身愿望来片面解读市场信息，喜欢根据本已成为过去的经验来决定现阶段的投资行为。其实，大部分基民的第一次投资经历都很相似——只是听从旁人的指点买了，尽管什么都不懂，却在初始阶段实实在在地看到了账面上利润的增长。问题在于，由于是第一次，由人的思维惯性决定，投资者从此以后也会像守株待兔中的那个主人公一样异常固执地坚守着以前也许是由于某种特定原因，也许根本就是由于偶然而形成的经验，却对市场投资热点的一次又一次交替轮回视而不见，从而错过很多获利机会。

专业人士提醒，正确的做法应该是：尊重市场，并依据市场的客观表现来选择与之相匹配的基金品种。这是因为，只有当市场整体趋势向上时，买入相应基金品种赢利的概率才大。因此，投资基金的人请注意，理财的含义极其丰富，既要有正确的理念，也要尽力避开以下误区。

一、买新基金，不买老基金

相当多的投资者只有当银行推出新基金时才购买，有些人甚至为了买新基金，将涨得多的基金都卖了。新基金发售时银行门口火暴的排队场面似乎也证明了这种行为的正确性，但这是典型的盲目投资行为。

因为开放式基金每个交易日都开放申购，没有稀缺性，在基金新发之后仍可以买到。新基金没有过往业绩，投资策略可能没有经过实践的检验，而且大多由新基金经理管理，投资者无从判断其管理能力的优劣。此外，新基金建仓时间较长，在建仓期间如果市场上涨，基金净值涨幅将低于同类基金。

另一方面，投资者可以研究老基金的过往业绩，分析其业绩表现的优劣、是否具有持续性来作为投资依据。

因此，新基金不应成为投资者选择基金的理由，老基金应是投资者选择的重点。

二、高净值恐惧症

将基金份额净值的高低作为投资的依据是基金投资的另一误区。例如有人说："基金净值这么高了，没有什么上涨空间了，不能买了。"

在相同情况下，基金份额净值高是基金业绩表现优异以及基金经理管理能力较强的表现。基金的上涨空间取决于股票市场的总体表现和基金公司的管理能力，与基金份额净值绝对值的高低没有关系，也不存在净值的上限和上涨空间的问题。

中国的基金业还比较年轻，2006年是中国开放式基金业经历的第一个大牛市，目前净值最高的基金份额净值才刚超过3元，而美国富达基金管理公司旗下的麦哲伦基金成立于1963年，已运作了约44年，2005年4月底的净值曾达到114.96美元，约合900多元人民币。相信随着时间的推移，国内表现优异的基金会不断创出基金净值的新高。投资者枉自估计基金净值上限的做法是极度不可取的。

例如，从2004年到2005年，大多数基金的净值都在1.2元以下，长期的熊市使投资者觉得1.2元都是遥不可及的上限。但2006年年初，1.2元被轻易击破，部分优秀基金的净值一直涨到接近2元才回调。2元又成为许多投资者心目中的净值上限，基金净值接近或突破2元时遭遇到大量赎回。前不久又有投资者怀疑，2元多的基金能涨到哪去呢？但是截至2007年1月22日，已出现了净值达到3.087元、累计净值达到3.4169元的基金。事实证明，基金净值不存在什么上限，高净值基金也不存在上涨空间有限的问题。相反，在相同情况下净值高的基金大多是管理能力较强的好基金。因为基金净值高就不买，投资者会损失十分宝贵的投资机会。

三、根据股指涨跌进行基金的波段操作

有人认为："这只基金涨了好多，又回到前期的高点了，应该马上赎回，否则就来不及了。"许多投资者购买基金的钱是可用于长期投资的，如果基金净值涨得多了就赎回来，那么这些钱又投资什么品种呢？什么时候再进入市场呢？事实证明进行波段操作的投资策略是错误的。

有的时候，赎回并未阻挡净值快速上涨的步伐，也迫使投资者认识到，不投资的风险更大。比如当基金净值超过1.5元时，投资者才大量申购，

中间已损失了0.3元的涨幅。该基金净值在2006年6、7月间达到阶段性高点，接近1.9元，后来的回调又让短线操作的基金投资者心惊胆战，当基金净值再次反弹到2元附近的过程中，大量资金撤离了该基金。但基金后来的表现必将让这些投资者后悔不已，在不到两个月的时间内，基金又涨了50%。如果进行以上的波段操作，收益率可能只有60%左右。

还有的人认为：看起来股指要调整了，还是赎回一些，等到股指见底了再买回来。这种基金投资策略看似合理，但是投资者有预测股指走势的能力吗？股指下跌多少，才能判断出股指要调整了，而不是短期的波动？

投资者没有专门的时间和专业的知识来研究宏观经济、政策走向、市场资金供求、企业赢利等影响股指走向的因素，也不可能较准确地预测股指的涨跌。往往在股市已出现比较明显下跌的情况下，投资者才能判断出股指可能要进行调整，这时再去赎回，很可能卖了个低点。

根据对股指的判断，波段操作基金是不可能取得成功的。

四、缺乏风险意识，全仓投入，仓促赎回

有人说："听说基金很赚钱，股票指数涨了多好，赶快去买基金，将定期存款全拿出来买基金吧！""哎呀，基金跌了，原来买基金也会亏本的，还是赎回吧。"

基金投资于股票，股票价格波动较大，既可能带来高额收益，也可能带来较高风险。如果道听途说，盲目投资，尤其是为了追求高收益，将原来不能进行风险投资的资金投资于基金，就必然会带来较大的风险。

听闻基金赚钱多，原不了解投资、不了解基金的人们也纷纷将存款取出而转买基金，结果后来市场深幅下跌，投资者损失惨重，大部分投资

者难以解套。

所以，投资者在投资前必须知道投资有风险，要谨慎决策。

五、别人都赎回了，我的那份资产会受损失

市场的巨额赎回潮造成了一些持有人的恐慌心理：“别人的都赎回来了，我的那份是不是也应该落袋为安啊？”这种心理左右着投资者的投资行为。另外一些投资者还担心，年底其他投资人的赎回，会导致基金净值的下降，从而使自己的资产遭受损失。

其实这是对基金认识的一个误区，股票升值，许多投资人选择在高位大量卖出，会导致股票市值的下跌。可是基金不是股票，其净值并不会因为遭遇巨额赎回而下降，唯一影响其净值的是投资组合的收益率，即使基金规模跌破2亿元的设立下限，但只要投资组合是赢利的，其净值依然在面值以上。

六、大盘涨了，基金净值也涨了，就应赎回持有的基金份额

“大盘涨了，手中持有的基金净值也涨了，就应该赎回。”这是一些基金持有人的认识误区。虽然“低买高卖”是股市中股票投资者应遵循的赢利原则，许多做股票短线的投资人也是习惯于在上涨趋势良好时进行抛售，这样做一方面是为了及时套现，获得既得收益，另一方面也是为了避免因为股价下跌而带来的风险。但这样的股票操作手法也套用在投资基金身上，就大错特错了，因为基金投资是一个长期的投资渐进过程，在这个过程中，基金的净值会随着市场的波动而波动，它的投资收益，不可能一步到位、立竿见影。

七、分红后投资人的实际收益会减少

分红后，基金净值会有一个突然下落的情况。但这并不意味着基金投资人的收益会减少。

分红使得基金的净值下降，但是基金的累计净值依然是不变的，投资人的实际收益也是不变的。

实践证明，大部分投资者都是在赎回后，会以更高的价格再赎回来，并且还要搭上一定的费用。因为根据规定，基金申购的赎回都是要缴纳一定的费用，申购费率为0.25%至0.5%，一个来回，1.5%至2%的收益率将化为乌有。

所以，投资者在投资于基金时，除了应对基金有一个正确的认识之外，频繁地申购和赎回基金份额，对投资者来说不是一个明智之举，因为既然选择了基金这种理财方式，就应该充分信任为你理财的专家。

八、既然股票能做波段操作，基金也能做

波段操作，是一些短线客常用的股票操作手法，但此方法并不适合于基金。首先，投资基金做波段不是成熟的投资理念。基金投资专家注重的是价值分析与基本面的研究，由于各路基金都有各自不同的投资规划和投资组合，而且由于价值投资为主导思想，致使基金投资不可能马上见效，即使在面值之下徘徊也是正常的。因此，只要宏观经济是向好的，基金收益率就会呈现一个增长的趋势，这是不容置疑的。

另外，基金的持有人，其实是无法选择做波段操作的，因为我们没有办法判断所谓基金的“高位”和“低位”，也就没有办法在“低点”买进和在“高点”卖出。

九、所有鸡蛋放在同一个篮子里

“不要把所有鸡蛋放在同一个篮子里”这一成熟的理财观念已越来越被广大民众所接受，于是传统的存款一族正逐渐把目光转向股票、外汇、黄金等投资品种，基金凭借其专家理财优势而被市场青睐。但部分投资者在购买基金时只投资于某一基金公司的产品、某一类基金产品甚至某只基金，从而承担了较大的市场风险。

一位已经购买了平衡基金的客户长期坚持投资的“三三制”，即每月工资30%存款，30%保险，30%投资，而投资的主要途径就是购买各种类型的基金，尤其是新基金。这个客户满意地说，虽然每个基金收益不是很高，但每个月下来的总体收益相当于给自己多发了一份奖金，而且整体风险较低。

十、盲目追求产品创新

部分投资者在挑选基金产品时，盲目追求“第一只”的概念，认为最新的就是最好的。事实上，基金产品的创新有一定的风险，这个风险由谁来承担呢？实际上还是投资者。投资者在选择基金产品时，应主要考虑基金产品的风险收益特征、成熟程度等因素，而平衡型基金作为国际上非常成熟的产品，是一种很好的投资选择。

中国证券市场没有做空机制，而且上下波动性很强。如果没有避险工具，市场单边下跌时，基金的风险就会相当大。而平衡型基金能有效地通过资产的配置达到分散风险、增加收益的目的。如果今年是牛市，可以调高股票的比例；如果认为这波行情已经走到尽头，那么就调高债券的投资比例。

十一、对基金公司的评价简单化

目前的中国基金市场还没有一个成熟的行业标准，一些基金评级机构目前的评级也基本上停留在基金排名上，并没有涉及对基金经理的评价。大部分投资者对于基金公司及基金经理的评定，只简单停留在对其过往业绩的评价上。

国外评定一位明星基金经理一般要经过3至5年的时间，10年左右的时间才能产生一位明星基金经理，而中国基金业只有6年多的历史，基金经理的平均任期只有1年半。因此，投资者在选择基金产品时应综合考虑公司的股东背景、治理结构、投资团队的整体实力、产品的风险收益特征等多项因素。

十二、像买股票一样买基金

目前我国股市前景甚好，但大批个人投资者“只赚指数不赚钱”。主要是因为个股走势受到诸多因素的影响，只有通过专门的研究才能发现。基金公司作为专业投资理财队伍的优势极其明显，能够做出最佳投资决策，让投资者轻松分享经济增长而带来的投资回报。但部分投资者投资基金时低买高卖，像买股票一样进行短线操作，而忽视了基金的抗风险性和长期的收益能力。

十三、过分注重基金发行规模

从基金产品上来讲，每一只基金，按照市场的深度与广度，基金品种的特点与投资工具，公司的运营管理水平，单只基金应有它合理的规模。

多大的规模适合自己公司的投资、适合股票市场的容量，并为投资人带来领先的收益，这就需要根据基金公司的发展目标和自身的投资管理能力来决定。如果基金公司盲目追求发行规模，最终会损害投资者的利益。

十四、分红意识不强

基金作为一种投资产品，尤其是专家理财产品，其产品的设计特点决定了基金投资组合的稳定性、基金投资收益的均衡化，从而导致了基金净值变动的有限性。因此，以分红取代对基金的短期套利，应成为今后基金投资真正的“时尚”。

十五、只认现金分红，排斥红利再投资

基金管理人在基金分配时都采取“二选一”的收益分配模式。但是，出于惯性的投资思维和落袋为安的想法，众多的投资者远离了红利再投资。

其实，红利再投资是一种互赢的分配模式，一则可以使投资者获得既定的投资收益，二是可以减少基金管理人因大量派现而导致的现金流减少，从而对基金持仓的品种进行被动式调整，致使投资者的收益受到冲击和影响。

十六、崇拜明星基金及基金经理

明星基金及基金经理，在基金产品的运作上有其独特的优势，但基金投资是一个中长期的投资过程，检验和考核一只基金的管理运作能力还应当从一个更长的时期来考虑，而不能仅局限于一年或短期内

的排名。

十七、忽略成本，只计收益

实践证明，对同样持有一只基金的投资者来讲，进行频繁的申购和赎回与持有一定周期相比，后者的收益明显大于前者。因为频繁的申购和赎回产生的交易费率足以使投资者的收益大打折扣。

十八、集中投资，淡化组合

如果置基金产品本身的投资特点而不顾，或者集中投资高风险的股票型基金，或者集中进行货币市场基金的配置，这种做法最终都会因为不能回避的系统性风险而使投资收益受到影响。因此，在证券市场好转时，可适度增加股票方向的基金产品投资比例，否则应减少股票型基金资产，增加其他类型基金资产。

十九、只看净值，不看基本面

一只基金的未来业绩增长潜力，主要来自于基金管理人管理和运作基金的能力，特别是基金配置品种持续的增长潜力。而要做到这些，还需要基金管理人建立科学的投资组合体系和跟踪评价体系。

事实上，投资者仅以净值的高低作为判断基金优劣的标准，而不研究和分析基金定期报告，不了解基金持仓品种的变化，也难以挑选到好的基金。

二十、以历史论英雄

和投资者接触时经常听到投资者说“这只基金好，挣钱了；那只基金不好，还套着 1/3 呢”。基金投资的收益是时点和品种的综合表现，基金挣钱了可能主要是因为当初介入的点位比较低，基金赔钱了可能主要是因为基金经理投资能力有限。

事实上，在单边牛市表现好的基金未必能在震荡市里表现出色，单纯依据绝对收益来判断基金优劣显然有些偏颇，由于历史成本而不做基金投资品种的调整可能会在下一轮行情中错失先机。

基金投资忌追涨杀跌

来自研究机构的统计显示，偏股型基金持有人这 10 年的累计收益仅仅只有 5.66%。基民实际收益远低于基金表现，追涨杀跌是主因。在基金运作的 10 年中，考虑申购及赎回费用的情况，基金净值平均每年增长 2.9%，累积下来的业绩也是比较诱人的。但是基民购买基金的收益为什么会远低于基金本身的收益呢？上述数据已经证明并不是基金不给力，原因存在于其他方面。分析人士表示，投资者多数抱有追涨杀跌的心态，再加上市场好的时候基金公司往往更喜欢发新产品，主观和客观的叠加使得基民常常高买低卖，因此实际收益并不好。

自 2001 年 9 月第一支开放式基金开始设立算起，到 2011 年 6 月底，中国基民投入偏股型公募基金的总成本约为 6.18 万亿元（首次发行 + 持续申购），扣除期间退出的市值约 5.09 万亿元（赎回金额 + 分红，分红全部按转为现金计算），基民的净投入成本为 1.09 万亿元左右。

而截至 2011 年 6 月底，偏股型基金的总市值为 1.55 万亿元，总市值与总成本之差即为基民的总投资利润，约为 4587.6 亿元。

按偏股型基金认购、申购、赎回分别为 1.2%、1.5% 和 0.5% 的费率测算，投资者支付了 1100 亿元（按最低认购金额计算）。扣除手续费之后，中国投资者在过去 10 年间投资偏股型公募基金的总收益为 3487.60 亿元左右。

这个数字可能比较让人失望，因为它远远低于基金在这十年来的业绩增长。此前我们曾经提到，济安金信基金评价中心的测算数据显示，考虑申购及赎回费用的情况，偏股型基金年化平均收益率为 2.90%。这意味着，基民十年的累计收益，还比不上基金业绩两年的增长。

“基金是干什么的？基金是帮助投资者买股票的，这就是成熟市场的理念。”某知名基金分析师告诉记者，“这种理念在 QDII 上面体现得最为鲜明，就是你的钱给我了，我有责任给你全部买成股票，而择时的责任由投资者承担。”

基金公司认为，择时并非偏股型基金的主要责任。某知名基金经理说：“选择一位你信任的基金经理，并且自己做择时，除此以外别无他法，不要指望基金自己去择时。”

然而，择时往往是基民的一大短处。2007 年的牛市高峰，不少基民深夜开始排队等着买基金。靠规模吃饭的基金为了扩大规模也愿意在高位推出新基金，以获得更大的募资额度。在 2007 年的大泡沫时期，多少人将自己的积蓄交给了基金公司，但事实证明那时进行投资并不明智。

一位业内人士这样评价道：“基民甚至比股民还爱追涨杀跌，股市炙手可热的时候，基民挤破了脑袋就是为了买点基金，而行情一旦走弱，最先跑的是基民，等待观望的还是这些基民。”

“好卖不好赚，好赚不好卖”这个基金投资的规律并不难理解，但真正能够照此执行的又有几人？跟股票一样，能在基金上赚钱的，永远是能够战胜自己情绪的少数人。

基金投资“十戒”

购买基金时要讲究策略，避免一些不良的交易习惯，这样才能获得稳定的收益。

一戒喜低厌高

开放式基金并没有贵贱之分，在某个时间点上，所有的基金不同净值高低，都是站在同一起跑线上的，基金管理人的综合能力和给投资者的回报率才是取舍的依据。

二戒喜新厌旧

老基金乏人问津，而新基金的绩效虽然没有经过市场检验却分外热销。须知新基金在相当长的发行期、封闭期和建仓期里不会产生效益，这就增加了机会成本，而经过市场考验的老基金早已长缨在手，只要选择得当，就能迅速分享投资收益，理应成为投资者的首选。

三戒炒股思路

把基金等同于股票，以为净值高了风险也高，用高抛低吸、波段操作、追涨杀跌、逢高减磅、短线进出、见好就收、买跌不买涨等股票炒作的思路来对待基金，常常既赔了手续费，又降低了收益率。

四戒组合不当

也有人把大笔资金全投在一只基金上，虽然基金本身的投资组合具有分散风险的功能，但对因管理人失误造成的风险难以规避，应以同类基金不重复选择、核心与非核心基金配置比例适当为原则进行组合。

五戒束之高阁

基金受管理人变动、投资理念更替、操作策略变化等因素影响，业绩会有很大的波动，持有人应依据投资目标、收益预期以及自身的风险承受能力，适时调整投资组合，以实现自身收益的最大化。

六戒跟风赎回

没有主见，看到别人赎回，唯恐自己的那份资产会受损失，也跟着赎回。决定进退的依据，应该是基金管理公司的基本面、投资收益率和投资者对后市的判断。

七戒分红即走

基金是否具有投资价值，应参照其累计净值和一贯表现。运作良好的基金，往往只能在更高的价位上才能补回。实践证明，分红即走不是明智之举。

八戒不设止损

以为基金不是股票，可以不设止损点，这个观念也是错误的。众多封闭式基金从大幅溢价到折价 25% 左右说明了止损的重要性。

九戒唯数据论

挑选基金远不像比数目大小那么简单，而且业绩好的基金往往是风险较大的股票型基金，如果投资者的资金是作为养老、购房或者子女读书用的，就应该把风险控制放在首位。

十戒不问费率

费率的高低直接影响到基金的绩效，根据对国外基金的考察，运作费率分别为 0.5% 和 2% 时，基金收益会有很大的差别。费率低、绩效好的基金理财能力更强，会买的投资者在选择基金时会考虑费率因素，以期获取更好的投资回报。

购买货币市场基金“四不该”

买货币市场基金可以不用到网点，直接利用网上银行就可以购买。另外，买货币市场基金不应只认新基金，灵活申购老基金会取得更高的收益。

一是不该盲目听信银行员工。如今各银行都在打“为客户理财”的牌子，但实际上很多都是为了推销产品和完成存款任务。为了达到这两个目的，有的银行员工会隐瞒一些基金产品的实际情况甚至有意误导客户。这就要求广大投资者必须掌握一些开放式基金的投资常识。货币市场基金属于开放式基金的一种，投资者可以关注银行、基金公司在各大报刊上发布的销售公告和消息，或采用登录银行网站、拨打服务电话等形式进行了解。

另外，由于各货币市场基金由不同的银行发售，各家银行肯定都说自己发售的基金好，这就更是要求投资者掌握各只基金的大体收益情况，做到货比三家，优中选优。

二是不该只认新货币市场基金。货币市场基金和其他开放式基金一样，投资者可以在发行时认购，也可以在开放之后进行申购，货币市场基金没有“基金净值”，只有“7 日年收益率”，并且申购费率和认购费率无差别（均免），购买和赎回也不收手续费，在价格和手续费上，新基金和老基金是一样的。不过，购买新基金有一个认购期，收益是按活期存款计算的，这样就不如买老基金合算了。

另外，新基金没有经过市场检验，收益情况还是个未知数，从这个角度来说，还是买业绩好的老货币市场基金更令人放心。

三是不该把其当成长期的投资工具。货币市场基金主要是投资央行票据、记账式国债、金融债、协议存款等稳健型金融产品，这就决定了它不可能像股票型基金那样会有“暴利”收益。货币市场基金的投资者主要是看中它的流动性，而不是它的收益，但有的投资者却只看中收益，忽略了其流动性优势，把货币市场基金当成了长期的理财工具。

当前，人民币理财等高收益理财产品越来越多，这些产品可以说比货币市场基金更稳妥，收益也更高。所以，有长期投资意向的投资者，不应只认货币市场基金一条路，在保持稳健的前提下，应积极选择收益更高的理财方式。

四是不该只到网点购买。许多人认为只有到银行网点才能办理货币市场基金的开户、认购、申购、赎回等手续，其实，现在的金融服务在不断地完善，工商银行、招商银行等金融机构相继推出了网上基金业务，只要开通网上银行，坐在家里便可以自助购买货币市场基金。而其操作程序非常简单，登录网上银行后，点击“网上证券”下的“网上基金”，然后就可以即时办理基金公司 TA 账户和交易账户的开户以及认购、申购、赎回、销户、资金划转等业务。其特点是可以随时购买，这比传统的零存整取合算多了。

网上购买基金省却了到银行排队的麻烦，在网上自助开立各大基金公司的 TA 账户均是免费的，网上买基金可谓多快好省。

避开基金定投赚钱的误区

近年来，随着股市的大幅震荡，股票型基金整体赔钱，越来越多的基金投资者倾向于选择基金定投来分散一次性投资带来的风险。但理财专家提醒，基金定期定投一直以可以分散风险及降低一次性投入带来的风险而受到市场的广泛关注，但阻碍基金定投赚钱的五大误区不容忽视。

一、将基金定投等同于银行储蓄

基金定投不同于零存整取，不能规避基金投资所固有的风险，不能保证投资人本金的绝对安全和获取收益，也不是替代储蓄的等效理财方式。如果投资者是短期理财目标，不适宜选用基金定投，而应选用银行储蓄等使本金更加安全的方式。

二、因恐惧而暂停

基金定投是针对某项投资的长期理财规划，是一项有规律的投资，不是靠短期进出来获利的工具。在实践中，很多基金定投的投资者没有依据设定好的规律进行投资，在定投基金时也追涨杀跌，尤其是遇到股市下跌时就停止了投资扣款，违背了基金定投的基本原理，导致基金定投的功效不能发挥。因此，理财师提醒，基金定投必须要执行异常严格的投资规律，一旦开始定投，不管市场如何惨烈下跌，都不可以中止扣款，否则基金定投加权平均成本、熨平市场剧烈波动的优势就无从发挥了。

三、因上涨而赎回

国内外历史数据显示，投资周期越长，亏损的可能性越小，定投投资超过 10 年，亏损的几率接近于零。但如果投资者对自己未来的财务缺乏规划，尤其是对未来的现金需求估计不足，一旦股市上涨就急于赎回，这样会使得投资遭受损失。因此，理财师提醒，其目的在于满足三五年之后的财务需求，其最终收益也是取决于三五年之后的市场表现。

四、短期内基金定投收益不明显

在资本市场非常好的情况下，很多投资者会觉得基金定投的收益不明显，不如一次性投入购买到的基金收益大。专家分析认为，基金定投和一次性投资基金无论在时间上或投资目的上都没有可比性。一次性投资于某只基金，大多数投资者的目的是投机，一旦该只基金净值上涨后可以充分获利，但如果我们并没有看准，这只基金不涨反跌，那么结果会是全线亏损，其弊端在于缺乏前瞻性。而基金定投正是克服了这一缺陷，弱化了市场短期内的不稳定因素而获得稳定收益。

五、在基金选择上崇尚“专一”

只选择唯一一只基金作为自己的投资目标。专家分析认为，基金定投虽然是一个能规避短期风险的投资品种，但会存在一定的风险，因而我们在选择基金上也应尽量分摊风险，避免只选择一只基金。同时，每一只基金都有其成长期、成熟期和衰落期，因而在选择基金上，我们要适时调整好基金品种。专家指出，基金定投就是长期投资方式的典型，另外，在经济从衰退走向复苏的经济周期中，正是定投收集筹码的极好时机，只要本着“不抛弃，不放弃”的精神，一定会得到理想的收益。

跳出指数基金投资误区

交易型开放式指数基金（简称 ETF）从本质上来说，就是一个投资指数的工具，所以，ETF 的根本赚钱之道还是“赚了指数就赚钱”，跟着指数走。而指数投资“最舒服”的状态，正是熊掌已经拍下但牛蹄还未扬起的时候。

虽然目前投资者对 ETF 的关注度有所提升，但大家在观察 ETF 的时候还存在一些误区。

一、份额变化常看错

ETF 成立时的份额和它运作后公告的份额是不同的。每一只 ETF 在成立、建仓完成之后，正式上市之前，都要进行“份额折算”，以使 ETF 的净值和它跟踪的指数建立一个比较直观的联系，方便其上市后投资者对其进行投资，“看对指数就基本看对了 ETF 的净值”，以期实现“赚了指数就赚钱”。

以华泰柏瑞上证中小盘 ETF 为例，该 ETF 根据 2011 年 3 月 11 日的上证中小盘指数收盘值 3683.60 点，对基金份额按 0.27331199 的比例进行了缩减（份额折算），折算前每单位基金净值为 1.007 元，折算后每单位净值提升为 3.684 元，基金份额按以上比例缩减。

当然，也有反方向的份额变化。比如，一些 ETF 本来是将份额按照指数的千分之一进行折算，但是上市一段时间后进行拆分，将份额按照指数的万分之一进行折算，这样份额会增加 10 倍，基金单位净值则直接变成几毛，成为便宜的“毛基”。

因此，在看 ETF 份额时，需要看清楚其是否进行了份额折算或拆分，因为份额的变化会导致单位净值的变化，以及 ETF 单位净值和其跟踪指数的关系的变化。

二、只有大客户才能买 ETF

ETF 有两种交易方式，一种是改变基金规模的“申购赎回”，最小申购赎回单位的一般起点会比较高，如 30 万份、50 万份或 100 万份；另一种是和股票、封闭式基金一样，在交易所二级市场和其他的 ETF 持有人之间进行“二级市场买卖”，二级市场买卖 ETF，起点只要 100 份（1 手）。也就是说，如果中小投资人，其实只需要不到 1000 元起，就能买卖 ETF 了。

以华泰柏瑞上证中小盘 ETF 为例，其最新单位净值（2011 年 9 月 28 日）为 2.8790 元，买 1 手仅需要 287.9 元，加上交易佣金（同封闭式基金，最高不超过 0.3%，为投资人与券商协商的价格，但每笔最低不低于 5 元；免交股票印花税），也不到 300 元。

所以，对于只有大客户才能买卖 ETF 的看法是完全错误的。

三、ETF 要赚钱主要靠套利

ETF 专家指出，在六年多前 ETF 刚刚推出来的时候，市场上还能找到一些套利机会，但随着市场的发展，目前真正能从其中找到 ETF 套利机会的时间越来越少，空间也越来越窄。ETF 的套利机制，主要是为了让 ETF 的二级市场价格不要与其真正的单位资产净值有太大偏差，同时保障 ETF 能够基本满仓操作。如果投资者因为套利机制的操作手法多样而对 ETF 退避三舍，实在是比较可惜。

理财专家指出，基金投资其实并不难，大额投资者有大额投资者的赢利模式，小额投资者有小额投资者的操作空间，关键是要做个明明白白的投资者。对于普通投资者而言，指数基金是一个简单、有效的长期投资工具。从当前的市场情况来看，沪深 300 的估值也正处于历史低位，若投资者对中国经济的长期发展有信心，那么不妨关注一下指数型基金。

投资保本基金当心误区和"地雷"

保本基金产品日渐丰富，但是仍有不少投资者对保本基金的认知仅仅停留于"保本"二字。为此，固定收益投资人士建议，投资保本基金应该避免三大误区和两个"地雷"，让保本基金成为市场寒冬中的"保暖品"。

一、保本基金的三大误区

误区一：将三年保本周期等同于封闭期三年。

如果收益达到了投资者的理财目标，保本周期内也可以选择赎回；当发现牛市行情确立时，也可转换成股票型或指数型基金。从现阶段的行情来看，以国投瑞银、瑞源等新发保本基金来等待牛市，或是震荡市场中较为安全的选择。

误区二：保本基金三年平进平出，不如放在银行拿利息。

三年保住本金，那仅仅是最坏的一种可能。据数据统计，目前市场上已经结束保本周期的所有保本基金均 100% 实现保本，保本期间复合年化收益率平均为 16.74%，其中更有 80% 战胜了同期国债和定存的收益水平。

误区三：保本基金零风险。

其实，保本基金并不是定存、理财产品的替代品，风险零容忍的投资者其实并不适合投资保本基金。由于保本基金股票仓位一般能达 35% 或 40%，也有一定的进攻性，也正是因为这样的设计，保本基金能够在安全的累积之后分享可能的股市收益。

二、保本基金的两大地雷

“地雷”一：踏错时机。

测算显示，保本基金在熊市初期和牛市末期的收益较差，投资者应该踏准保本基金的发行时机，一般在牛市初期和熊市末期的投资收益普遍高于其他市场环境下的收益。目前股市处于熊市末期已是大概率事件，短期内仍将面临不确定性，从 2011 年 9 月份开始的债券牛市有望继续，新发保本基金将面临较好的建仓时机。

“地雷”二：盲目赎回。

很多投资者不明白为何保本基金还会跌破面值，国投瑞银理财专家指出，由于保本条款通常是以持有完整的保本周期为条件的，因此不必过分关注保本基金在保本期间内的净值波动。如果因为保本期间内基金净值亏损较大而提前赎回，还要负担较高的赎回费，就更加得不偿失了。

购买开放式基金需遵循的章法

尽管目前可供投资者购买的开放式基金产品越来越多，但投资者面对基金产品时仍然面临着较多的艰难选择，在开放式基金投资中失利的情况，还是时有发生。除了投资者对开放式基金产品的认知程度不高外，主要是没有遵循开放式基金投资的章法。

一、以保底收益作为购买开放式基金的标尺

尽管开放式基金是专家理财，但由于基金经理在进行资产配置时，仍存在一定的资产配置收益不确定的风险。因为这种收益不确定的风险因素的存在，可能会带来基金产品净值和业绩的不稳定性。因此，抱着保底收益的思想，投资开放式基金是不可取的。

二、基金投资不讲风险识别是大忌

针对不同的风险偏好，基金管理公司设计推出了不同风险程度的开放式基金产品。投资者在购买基金产品前，一定要本着先了解基金产品特点的原则，从最接近银行定期存款收益的基金产品做起，尝试购买货币型基金，并逐步向债券型基金、股票型基金过渡，从而摆脱见了基金就购买的不良习惯。初次购买股票型基金的投资者大抵存在两种情况，一种是已经参与了股票投资，但个人操作业绩不理想，希望通过专家理财实现增值的目的；另一种是盲目购买者，这种盲目购买者往往在面对高风

险投资时会表现得不知所措，不能很好地把握申购和赎回的良机，盲目比照银行定期存款的办法，而使自身遭受不应有的损失。

三、交易规则一知半解，增加申购和赎回成本

由于基金公司的收入主要来自于管理费，为了更好地提高投资者购买基金的积极性，基金公司在基金的认购期内都推出了一定的费率优惠措施，投资者应重视基金公司的费率优惠措施，并学会从中受益。另外，对于基金管理运作水平和长期投资价值相对比较可靠、内控风险把握较好的、基金净值不断提升的以及回报率较高的基金产品，不妨选择红利再投资，不但省去了申购费，还能发挥复利效应。

四、不应盲目信赖基金宣传品或崇拜基金经理

为了加大基金产品的营销和推广的力度，目前的开放式基金营销宣传单应有尽有，各种形式的宣传品也是一应俱全。不管基金成立后的运作业绩怎样，但只看宣传单，就足以让投资者流连忘返。有些基金公司在设计宣传内容时，对基金经理的过往业绩和运作基金的能力进行了大篇幅的介绍和推荐，以提高产品的知名度和影响力。一旦基金成立后，基金的运作状况却与宣传单内容大相径庭，基金经理也频繁更换。这些都会成为影响基金表现的不稳定因素，对于个人投资者都是极其不利的。因此，投资者在选择上更应慎之又慎，比如考虑是否有投资理事会，等等。

避开购买开放式基金的误区

购买开方式基金存在的误区主要有以下五个：

一、投资开放式基金零风险

随着开放式基金的净值不断增长，数月内上涨10%的基金比比皆是，使得人们投资基金的热情空前高涨，有些退休职工还把自己的“保命钱”投入了基金市场。造成这种现象的原因，恐怕和投资者的风险意识有关。许多投资者误以为开放式基金是通过各大国有商业银行发行的，因此绝对不会有风险。其实，各银行只是为基金公司代理开放式基金的申购和赎回业务，基金盈亏全看基金公司的运作水平，这就形成了投资亏损风险。

为此，投资专家提醒广大基金投资者，开放式基金并非是储蓄的替代产品，其风险虽然低于股市，但毕竟存在风险，其稳妥性、变现的灵活性均不如储蓄，在教育、养老、医疗等方面压力较大的人投资基金时应谨慎。

二、追涨杀跌，频繁地申购、赎回开放式基金

一些基民尤其是新入市的投资者往往把基金当成股票来短期炒作，一旦股市调整就大比例地赎回基金，如此频繁地追涨杀跌，收益并不一定理想。虽然开放式基金净值的变化一般是跟着深沪股市的指数走，股市好的时候，基金净值就增长，反之就下降。不过，基金毕竟不同于股票，那种认为买基金和股票一样，高抛低吸才能赚更多钱的观点是不可取的。

基金专家说，股票像商品，其价格受市场供求的影响而波动；而基金

是货币，其价格由其价值决定，与市场供求没有关系。也就是说，开放式基金不具备投机性。所以，尽管基金净值与股市密切相关，但股市投机的理念却不适合开放式基金。

另外，买卖基金的手续费比炒股高出很多，有的基金能达到 3 %，基金一月之内涨了 2%，投资者可能认为比银行一年定期储蓄利息还高，于是选择卖出，落袋为安，可最后一算账，不但一分没有赚，还赔了钱。所以，开放式基金不应频繁地申购、赎回，必须用投资的理念来操作。

三、为基金分红后的净值下降而担忧

开放式基金分红之后，基金净值会出现一个突然下降的现象，一般情况下都是分多少红利，基金净值就减少多少。这时就有许多基民为基金分红后暂时的净值下降而担忧，并把这种情况理解为是投资者给自己发钱，这种观点也是错误的。虽说分红后开放式基金的净值会下降，但基金的累计净值依然是不变的，并且随着后续收益的增加，基金的净值和累计净值会稳步增长，一段时间之后走出“填权”行情，这时投资者的红利就成了实实在在的收益。所以，关键要看基金的累计净值是不是在稳步增长，也就是看它累计给投资者带来了多少回报。

四、不懂得开放式基金认购和申购两种不同方式之间的区别

开放式基金之所以叫“开放式”是相对于封闭式基金来说的，其基金规模的大小是“开放”的。购买开放式基金并非是在发行期内才能进行认购，如果投资者认为已经发行一年多的某某基金经营效益好，具有投资价值，投资者可以到银行开立基金账户和银行卡，直接以当前价格申

购这种基金，只是申购的费用略高于发行认购时的费用。

五、保本基金能完全保本

保本基金是指在基金产品的一个保本周期内（基金一般设定了一定期限的锁定期，在我国一般是3年，在国外甚至达到了7至12年），投资者可以拿回原始本金。广大投资者就冲着“保本”这两个字来购买这种基金的，认为购买这种基金能保证投资的“本钱”绝对安全，但他们往往忽略了保本基金能够保本的一个重要前提是，若提前赎回则不能享受保本待遇。

这些投资者如果仔细阅读发行公告就会发现，保本基金并非是绝对保本的。多数保本基金的定义是“投资者在发行期内购买，持有3年期满后，可以获得100%的本金安全保证”，投资者应注意的是“3年之后”，也就是说，3年之内投资者需要用钱的话，照样要承担基金涨跌的风险和赎回手续费，并且保本基金如果遇到债券市场不好或基金公司过多地进行博弈操作，就有可能发生亏损。因此，保本基金与基金公司的运作情况和担保方的实力有很大的关系，投资者购买基金不能只看其名字叫什么保本、增值、货币，关键要看基金公司的信誉和经营水平。

对于上述情况，理财专家对投资开放式基金给出的建议可以成为投资者的操作依据。

第一，切实了解清楚投资基金的特性，这一点非常重要。

在选择基金时，有必要仔细阅读基金契约、招募说明书或公开说明书等文件，并从报纸、销售网点公告或基金管理公司等正规途径了解基金的相关信息，以便真实、全面地评估基金和基金管理公司的收益、风险等情况。

针对不同的风险偏好，基金管理公司设计推出了不同风险程度的开放式基金产品。投资者在购买基金产品前，一定要本着先了解基金产品特点的原则，从最接近银行定期存款收益的基金产品做起，尝试购买货币型基金，并逐步向债券型基金、股票型基金过渡，从而摆脱见了基金就买的不良习惯。初次购买股票型基金的投资者大抵存在两种情况，一种是已经参与了股票投资，但个人操作业绩不理想，希望通过专家理财实现增值的目的；另一种是盲目购买者，这种盲目购买者往往在面对高风险投资时会表现得不知所措，不能很好地把握申购和赎回的良机，盲目比照银行定期存款的办法，而使自身遭受不应有的损失。

第二，多元化投资，做好长线准备。

如果投资者的资金足够多，就可以考虑分散投资于多种基金。这样的话，倘若某基金暂时表现欠佳，通过多元化的投资，不理想的表现便有机会被其他基金的出色表现所抵消。

如果投资者做好了长期准备，短期波动的循环就会拉长成为向上的曲线，再加上专业基金经理的选股和操作，长期下来就会有较大的胜算。

第三，定期检查投资收益情况。

应根据年龄的增长、自己的财务状况或投资目标的改变而更新自己的投资决定。大部分成功的投资人士在储蓄和投资初期都会追求较高的赢利，而随着时间的流逝，他们会逐渐转向比较稳健的投资。投资开放式基金要有一个合理的收益目标，有些投资者期望通过开放式基金每年获得40%至50%的投资收益，这是不切实际的。

第四，不宜频繁买卖。

高昂的成本使开放式基金成为一种中长期投资工具，频繁地买卖会使成本变得不能忍受。

此外，开放式基金适合有一定风险承受能力、期望追求超过通货膨胀率以达到资产保值增值目的的投资者。开放式基金与储蓄、国债等品种还有所不同，当基金的净值向下波动时，投资者的投资也可能出现亏损，所以在投资开放式基金时，不能用借来的资金。